L•E•O

GALA DARLING

RADIKALE SELBSTLIEBE

FEIER DICH SELBST!

Aus dem Amerikanischen
von Carsten Schmidt
und Stephanie Ehrenschwendner

L·E·O Verlag ist ein Imprint der Scorpio Verlag GmbH & Co. KG, herausgegeben von Michael Görden

Published by Arrangement with Hay House Inc., Carlsbad, CA
Die Originalausgabe ist erstmals 2015 bei Hay House Inc. erschienen.
Titel der amerikanischen Originalausgabe: *Radical Self-Love*

© 2015 by Gala Darling
© der deutschen Ausgabe 2016 L · E · O Verlag
in der Scorpio Verlag GmbH & Co.KG, Berlin · München
Umschlaggestaltung: Torge Niemann, WRAGE
Layout und Satz: BuchHaus, Robert Gigler, München
Druck und Bindung: GGP Media GmbH, Pößneck
ISBN 978-3-95736-071-7
Alle Rechte vorbehalten.

INHALT

DANK

Mein Leben ist so viel schöner geworden durch einige unglaublich tolle Frauen, die mich begleiten. Diesen, meinen Babes, möchte ich danken:

Shauna Haider, die von Anfang an dabei war. Kat Williams für ihren unermüdlichen Enthusiasmus und alle Ermutigungen. Emily Faulstich, die meine Welt einfach schöner macht. Veronica Farlow, die magische Kräfte hat. Francesca Lia Block, weil sie mir immer wieder hilfreich zur Seite steht. Brandie Coonis, für ihr kluges und einfühlsames Lektorat. Esmé Wang, für die smarten Vorschläge. Und last, aber definitiv not least ein riesiger Dank an Janet Paape, die immer mein größter Cheerleader gewesen ist. Ich liebe euch.

Journal

EINLEITUNG

Es ist Vollmond. Ich nehme ein Bad in meinem New Yorker Apartment. Die Kerzen flackern. Der ganze Raum duftet nach Vanille, Lavendel und Kokosbutter. Ich sitze im Wasser und balanciere den Laptop auf dem Wannenrand.

Ich bin so gespannt, wie du *Radikale Selbstliebe* finden wirst. Das ist eine aufregende Zeit für uns beide. Dass du dieses Buch zur Hand genommen hast, ist der erste Schritt in ein magisches Leben – ein Leben, das dich mit Freude erfüllen wird. Es geht darum, wie man sich in sich selbst und sein Leben verlieben kann – zwei Dinge, mit denen ich mich sehr gut auskenne.

Aber lass dich nicht täuschen: Es war ein weiter Weg, bis hierher zu kommen. Mein Körper ist voller Tattoos, Narben von alten Piercings und von Wunden, die ich mir selbst zugefügt habe. Sie alle markieren bestimmte Phasen meines Lebens. Ich sage das, damit du nicht glaubst, ich wäre eine, die schon immer alles gewusst hat. Das ist definitiv nicht so. Vor acht Jahren war ich ein komplett anderer Mensch. Ich war schlecht drauf, krank – und fühlte mich verloren. Auch wenn mir irgendwie klar war, dass ich mehr vom Leben wollte, steckte ich komplett fest. Und weil ich keine Ahnung hatte, wie ich dorthin gelangen konnte, wo ich hinwollte, hatte mich die Angst voll im Griff.

9

Vielleicht kennst du solche Gedanken und Gefühle. Vielleicht fühlst du dich auch vom Leben betrogen. Vielleicht hat sich dein Leben nicht so entwickelt, wie du es dir wünschst. Das ist okay. Du musst dich deswegen nicht schämen oder traurig sein. Wir werden all diese Gedanken, die dir nicht mehr dienlich sind, Schritt für Schritt auflösen.

Wo auch immer du dich gerade auf deiner Reise ins Land der Radikalen Selbstliebe befindest, eins möchte ich klar zum Ausdruck bringen: Du hast jederzeit die Möglichkeit, dich zu verändern. Uns ist in jedem Moment die Fähigkeit gegeben, uns weiterzuentwickeln und zu wachsen – oder uns klein zu machen und stecken zu bleiben. Du hast die Wahl!

Nimm dir ein bisschen Zeit, um dich in diesen Augenblick einzufühlen. Entspannst du dich gerade wie ich in der Badewanne? Stehst du im Bus und lauschst dem Quietschen der Scheibenwischer, die über die Windschutzscheibe gleiten oder dem Regen, der gegen die Fenster prasselt? Oder sitzt du im Schneidersitz auf der Couch in deinem Wohnzimmer, während dein Hund ruhig neben dir schlummert?

Eine Sache, von der ich zutiefst überzeugt bin, möchte ich dir gleich zu Anfang mitgeben: Wo immer du bist, was immer gerade um dich herum passiert, die Gegenwart ist der einzige Moment, den du wirklich hast. Den morgigen Tag erlebst du vielleicht gar nicht und die Vergangenheit ist längst vorbei. Die Zukunft, mit all ihren Versprechen und Ungewissheiten, kommt möglicherweise gar nicht. Alles, was du hast, ist dieser Moment, jetzt.

In diesem Augenblick kannst du alles machen. Was immer du dir vornimmst, erreichen oder erleben möchtest: Es gibt keine Grenzen. In diesem Buch zeige ich dir, wie du deine Träume verwirklichst.

Zuvor aber eine ernste Warnung: Dies ist kein klassischer Ratgeber, wie ihn deine Mutter möglicherweise im Regal stehen hat. Wir werden nicht zusammen Enya hören und du musst dieses Buch auch nicht in der U-Bahn hinter der »Vogue« verstecken. Nein!

Ich habe den Anspruch, anders, schräg und wunderbar zu sein. Vertrau mir: In diesem Buch wird es richtig zur Sache gehen. Wir tauchen ab in all die verrückten und unkonventionellen Sphären. Wir reden über Wunder, Masturbation und wie man seinen Alltag mit Magie erfüllt.

Ich glaube, dass Radikale Selbstliebe gut zu knallroten Lippen passt. Ich glaube, dass Glücklichsein kultiviert werden muss. Ich glaube, wenn du dich nicht selbst liebst und wertschätzt, dann werden sich auch deine Beziehungen zu einer Katastrophe von gigantischem Ausmaß entwickeln. Ich glaube, dass das Selbstliebe-Training wie eine Party sein kann: mit Luftschlangen, Diskokugeln, Helium-Luftballons und allem Drum und Dran!

Ich möchte, dass du deine eigene Strahlkraft entdeckst. Ich möchte, dass du Bekanntschaft mit der Göttin in dir schließt. Ich möchte, dass du erkennst, wie verdammt grandios du bist! Das Universum wartet nur darauf, dass du einen Schritt nach vorn machst und dein Leben in vollen Zügen lebst.

Es ist ein wunderbares Gefühl, dir ein richtiges Buch präsentieren zu dürfen. Etwas, dass du in deinen Händen halten, in die Handtasche packen oder vor dem Schlafengehen lesen kannst. Mache dir Notizen am Seitenrand, habe Spaß an den Hausaufgaben und lasse andere teilhaben an deinen Abenteuern unter #rslbook auf Twitter und Instagram. Ich freue mich jetzt schon darauf, zu erfahren, was du als nächstes tust!

Ich danke dir von ganzem Herzen, dass du mich auf dieser Reise begleitest. Für mich war es bisher eine unglaublices Abenteuer. ♥

Kisses

Sich selbst lieben

KAPITEL 1

LERNE, DICH SELBST ZU LIEBEN

*Selbst-Bewunderung,
das ideale Ich kreieren und
die Marie Antoinette oder wen auch
immer in dir channeln!*

Radikale Selbstliebe ist zu meinem Lebensinhalt geworden, zu meiner Leidenschaft, meiner Mission. Das Thema zu erforschen, neue Tools zu entdecken und sie auszuprobieren, all das lädt mich derart mit Energie auf, dass ich manchmal glaube, mein Herz könnte gleich zerspringen! Es ist ein wunderbares Gefühl, mit sich zu experimentieren und herauszufinden, wo sich das eigene Glück noch vergrößern lässt. Aber aufgepasst: Radikale Selbstliebe ist ziemlich starker Tobak!

Meine Mission hat sehr viel mit mir persönlich zu tun. Denn ich war schon auf der anderen Seite, die ich »Radikale Selbstverachtung« nenne. Von dort habe ich den Weg zurück gefunden. Mit Anfang zwanzig hatte ich so schlimme Depressionen, dass ich vollkommen hilflos war. Es ging mir richtig schlecht. Erschwerend kam hinzu, dass ich auch noch unter einer Essstörung litt. Mein innerer Kritiker, der mir andauernd sagte, wie abstoßend ich sei, hatte mich so weit runtergezogen, dass ich keine Energie zum Kämpfen mehr hatte. Jeden Tag hörte ich dieser Stimme zu, die mir ständig soufflierte, was für ein schrecklicher Mensch ich sei. Und ich gab ihr recht.

Zu dieser Zeit war Mary-Kate Olsen dauernd in den Magazinen. Auf den Fotos trug sie ihren berühmten Lagenlook und hielt immer einen Kaffeebecher in der Hand, der fast so groß war, wie sie selbst. Sie war, so verrückt das klingen mag, meine Inspiration oder besser gesagt meine »Dünnspiration«, mal abgesehen davon, dass sie nur eins achtundfünfzig ist, während ich fast eins fünfundsiebzig bin, dass wir beide einen unterschiedlichen Körperbau haben und dass es völlig schräg ist, jemanden anzuhimmeln, der gegen eine ernste Krankheit kämpft. Aber mein Kopf sagte mir: »Du musst so aussehen wie sie! Warum klappt das nicht?«

Also habe ich den ganzen Tag an einem Soja-Latte genuckelt und die leeren Starbucks-Becher anschließend wie eine Pyramide auf meinem Tisch gestapelt. Das Ganze sah wie ein freakiger

Altar aus, der bewies, dass ich nichts aß. Ich funktionierte nur wegen des Koffeins.

Und obwohl ich randvoll war mit Träumen darüber, wie mein Leben sein könnte, kam es mir so vor, als würde ich diese Träume nur durch ein beschlagenes Fenster sehen. Draußen schien das Leben in bunten Farben zu leuchten, aber mein Kopf war geplagt von Hoffnungslosigkeit und Verzweiflung. Ich wusste einfach nicht, was ich tun sollte, um mich besser zu fühlen. Depressionen und Essstörung – eine fatale Kombination, die die höchste Sterblichkeitsrate unter den psychischen Störungen hat. Meine Gedanken waren so verquer, dass – wenn ich mal einigermaßen normal an Essen dachte – die Stimme in meinem Kopf doch tatsächlich behauptete, ohne meine Essstörung wäre ich nicht interessant. Dann würde die Welt da draußen sehen, wie langweilig ich in Wirklichkeit war. Also sagte ich mir, dass alle großen Künstler depressiv waren und an psychischen Krankheiten litten. Glückliche Menschen hätten noch nie etwas Großes und Schönes hervorgebracht, fügte meine innere Stimme hinzu.

Ich war komplett am Ende und wusste das auch. Eigentlich wollte ich nur noch aufgeben. Insgeheim hoffte ich, so krank zu werden, dass ich ins Krankenhaus käme. Dann hätte sich jemand anderes um mich kümmern müssen. Ich bekam das allein nicht mehr hin.

Seit damals habe ich einen weiten Weg zurückgelegt – und dieses Buch wird dir zeigen, wie ich das geschafft habe. Meine persönliche Erfahrung gibt mir so viel Energie, mich für diese Sache zu engagieren. Das Wissen darüber, dass mein Leben auch total anders hätte ausgehen können, motiviert mich, die Radikale Selbstliebe zu verbreiten.

Damals, in den «bad old days», wie ich sie nenne, fand ich schon allein den Begriff »Glück« lächerlich und absurd. Nur ein Trottel konnte sich ernsthaft in einer Welt voller Dunkelheit und Verderbtheit wohlfühlen. Nach und nach ging mir auf, dass die Welt eigentlich das ist, was du daraus machst. Deine innere Welt wirft ihr Licht beziehungsweise ihre Schatten auf dich zurück. Ich habe erkannt, dass ich meine Welt selber gestalten kann, indem ich den Fokus auf das Positive lege, wertschätze, was ich habe und aktiv das Gute in Menschen und im Alltäglichen sehe. Das wird auch dein Leben für immer verändern.

Aber vergiss nicht: Die Reise ins Land der Radikalen Selbstliebe schaffst du nicht über Nacht. Zu lernen, sich selbst zu lieben, ist eine der größten Herausforderungen des Lebens, diese Arbeit geht nie zu Ende, sie ist ein andauernder, fortlaufender Prozess.

Selbst diejenigen, die schon eine Weile auf dem Weg sind, benötigen hin und wieder eine Gedächtnisstütze. Ich brauche täglich einen kleinen Push, um besser mit mir umzugehen, nett und versöhnlich mit mir zu sein und mich selbst und andere zu akzeptieren. Doch das wirklich Schöne an dieser Arbeit ist, dass wir – auch wenn wir die Reise von verschiedenen Punkten aus beginnen – alle ähnliche Lektionen lernen und in die Tat umsetzen müssen.

Am besten überlegst du dir zu Beginn deiner Reise genau, was es bedeutet, dich selbst zu lieben. Manche Menschen verwechseln Selbstliebe mit Egoismus, Eitelkeit oder Selbstbesessenheit. Ich sage dir ganz klar: Das ist nicht damit gemeint!

Radikale Selbstliebe heißt, sich selbst wie den allerbesten Freund zu behandeln. Wir wissen, dass unsere Freunde nicht perfekt sind (oh Mann, das wissen wir!), aber wir lieben sie trotzdem. Deine beste Freundin dreht vielleicht wegen eines Typen beinahe durch, den du nicht mal ansatzweise gut genug für sie findest. Oder sie will unbedingt nach New York, spart aber keinen einzigen Cent dafür. Und du liebst sie trotzdem! Du hältst sie für ein kosmisches Geschenk, eine Sternschnuppe in Menschengestalt. Und genauso solltest du dich auch selbst sehen.

Spirituell betrachtet zieht Gleiches Gleiches an und das wiederum bedeutet, dass dir im Leben genau die Dingen passieren, die du glaubst, zu verdienen. Denke mal an deine Freunde. Wie sieht deren Leben aus? Sind sie glücklich, erfüllt und erfolgreich? Wenn nicht, dann bist du es vermutlich auch nicht. Wir sind der »Durchschnitt« von den fünf Menschen, mit denen wir die meiste Zeit verbringen. Radikale Selbstliebe – aber ebenso der Mangel daran – funktioniert wie eine Spirale. Wenn du nicht viel von dir hältst, führt sie direkt nach unten. Der üble Geruch von Selbstverachtung hängt an dir und du ziehst ganz unbewusst Leute an, die ebenfalls unglücklich sind, sich selbst sabotieren oder sich und andere manipulieren. Solche Menschen riechen förmlich, dass sie dich schlecht behandeln können und du trotzdem wieder bei ihnen antanzen wirst. Das wiederum bestätigt dich in deiner negativen Wahrnehmung und du wirst dich weiterhin schlecht fühlen, negativ über dich reden und unglücklich sein.

Anders herum setzen sich Menschen, die Radikale Selbstliebe praktizieren, Ziele, die sie auch verfolgen. Sie ziehen wiederum Menschen an, die lustig, klug, inspirierend und positiv eingestellt sind. Ihr Leben ist erfüllt und sie haben Spaß mit sich selbst, ganz gleich, wo sie sind. Sie verurteilen andere nicht, weil sie anders sind, sondern akzeptieren vielmehr die Tatsache, dass alle Menschen verschieden sind. Sie entscheiden für sich selbst – und lassen sich von ihrer Familie, ihren Freunden, der Gesellschaft oder Fremden, die es »ja nur gut meinen«, nicht vorschreiben, wie sie zu leben haben.

Zynismus, Sarkasmus oder Geringschätzung anderen gegenüber für ein Zeichen von Intelligenz zu halten, ist fatal. Ich kann das aus Überzeugung sagen, weil ich das selbst mal gedacht habe. »Gleich und gleich gesellt sich gern«, heißt es. Und das ist tatsächlich so: Wer über alles herzieht, das ihn nervt, muss sich nicht wundern, wenn er eines Tages aufwacht und sich selbst schlecht fühlt. Dein Leben fühlt sich scheiße an? Du findest einfach keinen Partner, der dich gut behandelt? Du brauchst nicht schockiert zu sein, denn das alles rührt daher, dass du dich selbst nicht liebst. Tatsache!

Alles, was wir im Leben tun, hat seine Wurzel entweder in der Angst oder der Liebe. Wie oft lässt du zu, dass die Angst dich motiviert? Und wie oft am Tag handelst du aus einem Gefühl der Liebe heraus?

Eine Erkenntnis, die mir beim langsamen Abstreifen meiner negativen Glaubenssätze kam, hat mich echt umgehauen: Es ist wesentlich leichter, negativ als positiv eingestellt zu sein. Jeder Idiot findet etwas, worüber er sich aufregen kann. Wohingegen es Engagement und eine gewisse Fertigkeit erfordert, um das Gute im Leben zu sehen. Wer glücklich sein will, muss Stärke und Intelligenz zeigen. Es ist nicht schwer, abwertend, griesgrämig, abweisend und streitsüchtig zu sein. Aber es braucht mentale Disziplin, Beharrlichkeit und einen gewissen Elan, um die eigene Gedankenwelt umzubauen und das Positive in einer Welt zu erkennen, die nicht immer rosig ist.

Aber auch hier bitte keine falschen Hoffnungen: Deine Gedanken und deine Sicht auf die Welt zu ändern, ist eine riesige Aufgabe! Sollte dich das schon beim Nachdenken einschüchtern und verschrecken, dann vergiss nicht: Das geht anderen genauso. Ich meine, wo zum Teufel soll man beginnen?

Fang klein an, mit einer einzigen Sache. Man kann seine Weltsicht nicht ändern, ohne erst einmal die eigenen inneren Dämonen zu erwürgen, oder? Wie man das macht? Ich zeig's dir...

DIE GEHEIMWAFFEN IM KAMPF GEGEN DIE SELBSTVERACHTUNG

#radicalselflovedate

Am besten übst du erst einmal, Zeit mit dir allein zu verbringen. Ich empfehle dir ein #radicalselflovedate, ein Abenteuer für eine Person, mindestens einmal pro Woche. Vielleicht kannst du irgendwo mittagessen oder ins Kino gehen. Oder du gehst im Park spazieren ... Egal, was du unternimmst, die einzige Bedingung ist: Mach es allein!

Viele fürchten sich davor, so etwas auszuprobieren. Wir machen uns Gedanken darüber, dass andere uns blöd anstarren oder für Freaks halten könnten. Aber glaube mir, kein Mensch kümmert sich um das, was du tust. Die anderen sind so beschäftigt mit ihren unbequemen Unterhosen oder ihrem finanziellen Chaos, dass sie gar nicht die Kapazität haben, dich zu verurteilen! Und selbst wenn sie es tun, so what? Wie viel Bedeutung hat ihre Meinung denn? Merke dir einfach: Was andere über dich denken, spielt keine Rolle!

Einer der wichtigsten Gründe für ein #radicalselflovedate ist, dass du auf diese Weise wieder mit dir in Kontakt kommst und herausfinden kannst, wer du wirklich bist. Viele von uns verfügen über eine ziemlich kurze Aufmerksamkeitsspanne, wir sind ständig abgelenkt. Musik, Fernsehen, Werbung, Telefon, SMS, Twitter, E-Mails, Bücher, Zeitungen, Filme ... die Liste der Zerstreuungen ist unendlich.

Doch so großartig all diese Dinge auch sein mögen, eines ist ihnen gemein: Sie zerren uns weg von uns selbst, von unserer wahren Mitte. Während wir E-Mails schreiben und fernsehen sind wir weit davon entfernt, einfach nur zu sein. Sich in solchen Ablenkungen zu verlieren ist eine Art Flucht vor uns selbst. Wir müssen dann nämlich nicht darüber nachdenken, wer wir eigentlich sind. Wir müssen auch nicht präsent sein oder in uns selbst ruhen. Viele von uns können es kaum aushalten, ganz allein in einem Raum ohne jegliche Ablenkung zu sein. Wir fühlen uns genötigt, aufzuräumen, E-Mails zu checken oder Freunden Nachrichten zu schicken. Aber das hilft nichts. Es verzögert nur die »Arbeit« an dir selbst, damit du lernst, dich wohl in deiner Haut zu fühlen.

Ist es nicht an der Zeit, dich in dich selbst zu verlieben? – Ich sage: Ja!

Das ist hiermit mein erstes Rezept (nenne mich einfach »Frau

Doktor Radikale Selbstliebe«!) Führe dich diese Woche zu einem #radicalselflovedate aus und poste diese Erfahrung mit #radicalselflovedate bei Twitter oder Instagram.

Meditation

Halt, nicht ausflippen! Du musst nicht im Schneidersitz neben einem Gong in einem komplett weißen Raum sitzen, um die Vorteile der Meditation zu erfahren. Es ist viel einfacher: Alles, was du tun musst, ist fünf Minuten lang allein und in Stille zu sitzen. Dazu musst du kein Zenmeister werden, versprochen!

Bei der Meditation geht es darum, den sogenannten »Monkey Mind« zu trainieren, den Affengeist. Ich hatte das vorhin schon angedeutet: den ständigen Drang, sich Gedanken zu machen, etwas zu tun und sich abzulenken statt einfach nur zu sein. Meditation ist eigentlich ganz easy: Man sitzt, nimmt ein paar tiefe Atemzüge – und tut nichts. In der Praxis ist das allerdings viel herausfordernder als es jetzt klingen mag. Diejenigen, die es schon probiert haben, wissen das.

Vor einigen Jahren hätte ich dir geraten, deinen Hintern auf ein Kissen zu pflanzen, die Augen zu schließen und es einfach mal zu testen. Glücklicherweise helfen uns heute die Wunder der modernen Technik. Statt in Stille zu sitzen kannst du eine geführte Meditation machen, bei der dich jemand anleitet.

Mit einer App machst du es dir noch einfacher. Eine meiner Lieblings-Apps heißt Headspace. Das Programm führt dich durch eine Serie von zehnminütigen Meditationseinheiten, allerdings auf Englisch. In deinem bevorzugten Online-Store findest du bestimmt auch deutschsprachige Apps zum Thema. YouTube ist ebenfalls eine hervorragende Quelle für Meditationsanleitungen. Also – einfach mal umschauen und ausprobieren.

Soll ich dir noch einen Trick verraten? Ich lächle beim Meditieren. Am Anfang fühlt es sich albern an, aber ziemlich bald schon schwenkt deine Stimmung ins Positive um. Dein Körper sagt gewissermaßen deinem Geist Bescheid – und das Lächeln wird dich, selbst wenn du dich im Moment gar nicht danach fühlst, tatsächlich glücklich machen. Abgefahren, oder?

Oft sagen mir die Leute: »Ich hab das mit dem Meditieren versucht, aber ich schaffe es einfach nicht. Ich hab zu viel im Kopf.« Tja, das ist genau der Punkt. Jeder von uns hat viel im Kopf. Genau darum ist die Meditation ja so wirkungsvoll. Nur ganz wenigen gelingt es beim Meditieren, ihre Gedanken komplett zur Ruhe zu bringen. In deinem Kopf wird vermutlich andauernd irgendwas oder irgendwer herumspuken: Dinge, die auf deiner To-do-Liste stehen; der nette Typ oder das nette Mädel; Sachen, die du unbedingt aufschreiben wolltest, oder auch einfach nur die Frage, wie lange du noch hier sitzen musst. Das ist alles okay, lasse diese Gedanken einfach vorbeiziehen. Bewerte sie nicht, ärgere dich nicht darüber und lasse dich nicht von ihnen vereinnahmen. Beobachte deinen Gedanken – und lasse sie ziehen.

Die gute Nachricht ist: Du musst nicht allzu lange meditieren, um die Vorteile zu spüren. Forschungen haben gezeigt, dass bereits eine tägliche Session von zwölf Minuten die Gedächtnisleistung verbessert, und gleichzeitig Wut und Angst herunterfährt. Fünf Minuten nach dem Aufstehen oder vor dem Schlafengehen genügen, um einen guten Anfang zu machen.

Menschen, die bereits lange Zeit meditieren, haben einen viel aktiveren vorderen Stirnlappen. Das ist der Teil des Gehirns, der unsere Aufmerksamkeit und unseren Willen steuert. Das heißt im Klartext: Du profitierst schon bald von einem Laserblick und übermenschlichem Willen! Ist das nicht cool?! Recherchiere ein bisschen und du wirst entdecken, wie sehr Meditation dein Leben verändern kann!

Tapping

Wenn mich Leute fragen, wo mein Weg zur Radikalen Selbstliebe anfing, dann sage ich meistens: Tapping. Das ist eine Art

Klopfakupressur, mit der ich 2006 begonnen habe, als die Technik noch recht unbekannt war. Heute ist Tapping (auch Klopfen oder EFT genannt) eine weit verbreitete Methode, von der auch amerikanische Life-Coaches und Autorinnen wie Kris Carr und Gabrielle Bernstein schwärmen.

Tapping ist eine energetische Heilmethode. Sie ähnelt der Akupunktur und Akupressur insofern, als dass man die aus der chinesischen Medizin bekannten Druckpunkte und Meridiane des Körpers nutzt, um emotionale Blockaden zu lösen. Ich persönlich liebe Tapping, weil es sehr einfach ist und – das ist das Beste – nichts kostet. Du muss dazu nur wiederholt verschiedene Punkte deines Körpers drücken oder klopfen, während du laut über die Probleme redest, die du lösen möchtest.

Ja, ja, ich weiß, das klingt seltsam. Als ich das erste Mal davon hörte, dachte ich nur: So ein Unsinn. Mein damaliger Freund brachte mich darauf. Er saß stundenlang in einer Ecke, klopfte an sich herum und murmelte dabei etwas. Ich fand das mehr als schräg und blieb trotz der Erfolge, von denen er erzählte, extrem skeptisch. Ich war überzeugt davon, dass etwas so Einfaches nicht funktionieren konnte, dass es sich um einen Placeboeffekt handeln musste.

Da er nicht aufhörte, darüber zu sprechen, probierte ich es irgendwann aus. Nicht zuletzt deshalb, weil ich als alte Zynikerin einen Beweis haben wollte. Ich beschloss, ein Problem »wegzuklopfen«, das ich ganz klar benennen konnte, um in der Folge zu sehen, ob das Tapping etwas gebracht hatte oder eben nicht. Ich wollte ein Problemfeld bearbeiten, bei dem ich mich nicht austricksen konnte und entschied mich für mein Asthma.

Seit ich ein kleines Mädchen war, hatte ich schreckliches Asthma. Es wurde durch alles Mögliche ausgelöst – Katzen, Temperaturwechsel, Anstrengung, Staub, was auch immer. Ständig griff ich nach meinem Inhalator. Zur Zeit dieses Selbstversuchs lebte ich in Neuseeland, schrieb für die »New Zealand Post« und wohnte im Zentrum von Auckland. Jeden Tag musste ich einen Hügel hochlaufen, um meinen Bus zu bekommen, und das ging nicht ohne meinen Inhalator.

Eines Abends probierte ich die Sache mithilfe meines Freundes aus. Ich konzentrierte mich auf mein Problem: die Asthma-Attacken und dass ich ständig meinen Inhalator brauchte. Du kannst dir wahrscheinlich meine Verblüffung vorstellen, als die Beschwerden am nächsten Morgen weg waren. Ich stapfte wie immer den Hügel hoch zum Bus und – brauchte keinen Inhalator. Ich war total aus dem Häuschen. Das war kein Placeboeffekt, sondern real. Diese Erfahrung öffnete meinen Geist – ich war schlagartig überzeugt von der Methode. In den nächsten Monaten begann ich, alles zu klopfen, das ich nicht mehr in meinem Leben haben wollte, einschließlich Depressionen, Heuschnupfen, Katzenallergie, chronische Rückenschmerzen und – das Dramatischste von allem – die Essstörung, die mich seit Jahren verfolgte.

Es hat eine Weile gedauert, bis ich den Mut aufbrachte, an meine Essstörung ranzugehen. Meine Krankheit war Teil meiner Identität. Ich hatte schreckliche Angst, sie gehen zu lassen. Meine Essstörung sprach zu mir, sie versuchte mich auszutricksen, tischte mir Lügen auf und tat alles, um mich bei der Stange zu halten. Ich war gefangen im Teufelskreis. Die Essstörung kannte meine seelischen Triggerpunkte. Sie erzählte mir immer wieder, dass ich nicht kreativ sein könnte, wenn ich glücklich wäre, und dass ein trauriges, dünnes Mädchen viel »interessanter« sei als ein glückliches, gesundes Mädchen. Sie sagte mir, dass Glück langweilig sei und dass es mich unbedeutend und mittelmäßig machen würde, Essen als Nahrung zu sehen statt als Feind. Aber ich musste etwas unternehmen, weil ich so verzweifelt war und die Kontrolle verloren hatte. Ich wollte die Verantwortung übernehmen, obwohl ich vor Angst wie gelähmt war und dachte, ohne meine Krankheit das letzte Quantum an Persönlichkeit zu verlieren.

Ich hatte keinerlei Strategie und Plan und wusste nicht, ob Tapping bei etwas so Großem überhaupt funktionieren würde.

25

Also tat ich das, was ich für richtig hielt. Ich ging ins Bad, schloss ab, zog mich aus und stellte mich vor den Spiegel. Ich sah mir in die Augen und sprach laut darüber, wie ich über mich und meinen Körper dachte. Währenddessen klopfte ich mich ab. In gewisser Weise konnte ich kaum glauben, was da aus meinem Mund kam. Es ist eine Sache, der Stimme in deinem Kopf jahrelang zuzuhören, aber es ist etwas ganz anderes, das laut auszusprechen. Ich fing fast augenblicklich an zu weinen. An einem bestimmten Punkt war ich so aufgelöst, dass ich kein Wort mehr herausbrachte. Trotzdem klopfte ich weiter.

Tapping ist eine ganz eigene Erfahrung; Du merkst beim Klopfen an einem bestimmten Punkt eine gewisse innere Veränderung. Die geklopften Probleme wandeln sich oder lösen sich in einigen Fällen sogar komplett auf. Ich spürte selbst bei diesem großen Problem eine Veränderung. Ich hörte auf zu weinen und wurde auf einmal ganz ruhig. Und im Spiegel entdeckte ich etwas Ungewöhnliches und Neues.

Mein Körper war angefüllt mit Euphorie. Du kennst das vielleicht auch, wenn du nach einem heftigen Weinanfall plötzlich total ruhig bist. Genauso fühlte sich das an, nur hundertmal stärker. Ich zog meine Sachen an und ging ins Wohnzimmer zu meinem Freund. Während ich ihm erzählte, was gerade passiert war, überkam mich auf einmal eine Welle von Übelkeit. Ich rannte ins Bad und übergab mich wieder und wieder. Heute bin ich überzeugt: Mein Körper wollte mir zeigen, dass er das annahm, was ich ihm gesagt hatte. Auf unmissverständliche Weise machte er mir klar: »Ich will, dass all diese schlechten Gefühle gehen!«

Am nächsten Tag war ich in der Lage, etwas zu essen, ohne Schuld zu empfinden. Und seither habe ich tatsächlich weder Panikattacken noch Schuldgefühle wegen Essen empfunden. Für mich persönlich kann ich kein anderes Wort dafür finden als ein kleines Wunder. Nachdem sich meine Essprobleme verflüchtigt hatten, beschäftigte ich mich mit meiner Körperwahrnehmung. Das war interessanterweise viel einfacher. Ich klopfte die jeweiligen Probleme ab, sobald sie auftauchten. Auch wenn mich das alles natürlich noch viel Anstrengung kostete, hat der Abend vor dem Spiegel mein Leben komplett umgekrempelt. Seitdem habe ich nie wieder das Verlangen gespürt, Diätpillen zu nehmen oder mich von einer Tasse Kaffee am Tag zu ernähren. Und ich kann kaum Worte dafür finden, wie dankbar ich darüber bin. Heute bin ich froh sagen zu können, dass meine Essstörung falsch war. Glücklich zu sein ist großartig, ich bin viel kreativer, unternehmungslustiger, interessanter, reicher und erfüllter als ich es mir je hätte erträumen können. Nach und nach habe ich meine wahre Persönlichkeit entdeckt, die nichts mit der Zynikerin gemein hat, die ich früher war. Tatsächlich bin ich eine Optimistin, voller Hoffnung und fähig, nach vorn zu schauen. Ich kann in so ziemlich allem etwas Gutes sehen. Das zu entdecken, daran war mehr als ein Funken Magie beteiligt.

Das Beste am Tapping: Hast du einmal angefangen, richtig dicke Brocken wegzuklopfen, kann du es auch zum Finetuning nutzen, um deine Lebensqualität zu erhöhen, dich glücklicher, positiver und produktiver zu machen. Es ist mein stärkstes Tool, und seit ich darüber auf meiner Webseite geschrieben habe, gehört es zu meinen Lieblingsbeschäftigungen, E-Mails von Leuten zu lesen, die es ausprobiert und fantastische Ergebnisse erzielt haben.

Eine Frau schrieb mir beispielsweise, dass sie noch nie einen Orgasmus hatte. Sie wollte sogar zum Arzt gehen, um herauszufinden, ob körperlich alles mit ihr in Ordnung war. Am Abend vor dem Termin erinnerte sie sich an meinen Artikel übers Tapping und probierte es aus. Und einige Tage später hatte sie tatsächlich zum ersten Mal einen Orgasmus. Und dann noch einen ... und noch einen ... und noch einen. Sie schlief mit ihrem Freund und erlebte unglaubliche zwölf Orgasmen. Halleluja! Sie hatte eine Menge aufzuholen!

Den meisten erscheint das Tapping anfangs ziemlich albern und unwirklich. Mir ging es ja genauso. Trotzdem bin ich der

27

Meinung, man sollte es zumindest einmal probieren. Wenn es bei dir nicht klappen sollte – und ich habe noch nie jemand getroffen, bei dem das der Fall war –, dann hast du außer ein wenig Zeit nichts verloren. Du musst weder Geld dafür ausgeben, noch dich in der Öffentlichkeit zum Affen machen. Du machst einfach nur ein kleines Experiment, allein in deinem Zimmer. Es lohnt sich allein schon deshalb, weil es dein Leben verändern könnte.

Tapping ist eine körperliche Erfahrung, deshalb erscheint es mir am einfachsten, dir zu zeigen, wie es geht. Um Tapping zu lernen, kannst du mein kostenloses Video anschauen unter: www. galadarling.com/article/eft/ und www.galadarling.com/tapthat.

Body Love

Forschungen haben gezeigt, dass Frauen durchschnittlich etwa 55 Minuten pro Tag vor dem Spiegel verbringen. Manchmal putzen wir dabei Zähne oder machen uns die Haare. Aber wie viel Zeit davon wenden wir auf, um jede Pore einzeln anzuschauen, uns über einen fetten Pickel zu ärgern oder uns zu wünschen, wie jemand anders auszusehen?

Wann hast du das letzte Mal in einem Ganzkörperspiegel geschaut und alles gemocht, was du gesehen hast?

Hey Babe, es ist Zeit aufzuwachen, denn man hat uns eine Lüge verkauft. Es bricht mir das Herz, dass viel mehr Mädchen da draußen lieber »dünn« und »berühmt« sein wollen als eine Astronautin. Size 0 ist nur eine Marketingstrategie! Mit unserem körperlichen Unwohlsein wird massenhaft Kohle gescheffelt. Man verkauft uns Diätpillen, Leggings, die unsere wabbeligen Oberschenkel festzurren, endlose Kosmetikprodukte, Mitgliedschaften in Fitnesscentern und absurdes Fake Food, das aus dem Labor stammt und uns dabei helfen soll, uns »dünn zu essen«. Ich könnte noch unendlich viele solcher Sachen aufzählen, aber das mache ich nicht. Wichtig ist, dir klar zu machen, dass ganze

Branchen davon profitieren. Irgendwelche Bosse verdienen Millionen damit, dass wir ihnen diese Lüge immer wieder abkaufen. Der Drang, dünn zu sein, ist ein innerer Kampf, der in der Öffentlichkeit ausgetragen wird. Du magst glauben, dass du gern anders aussehen würdest, aber tatsächlich willst du dich anders fühlen. Dünn zu sein verändert dein Leben nicht, es macht dich auch nicht glücklich und zufrieden. Gesund zu sein ist wichtig, ganz klar. Wer stark und fit ist, fühlt sich auch besser. Aber ein spargeldünnes Gerippe sein zu wollen, bringt dich der Erleuchtung keinen Schritt näher.

Das Gegenteil ist der Fall. Wer absichtlich hungert, ist gerade kein zufriedener Mensch. So jemand ist unglaublich langweilig und schlecht drauf. Und ich weiß, wovon ich spreche. Menschen, die Hunger haben, sind unausstehlich. Der Körper braucht Essen zum Überleben. Du kannst nicht einfach entscheiden, nichts mehr zu essen, ohne unter ernsten Konsequenzen zu leiden. Heute ist dein schlimmstes Problem vielleicht noch deine schlechte Laune, aber eines Tages greifen dich die Auswirkungen deines Hungertrips so richtig an. Gehst du diesen Weg weiter, fallen dir irgendwann die Haare und die Zähne aus, du wirst nicht mehr laufen können und deine Organe werden ihren Dienst verweigern. Wenn du meine bescheidene Meinung hören willst: Das ist es einfach nicht wert!

Neben dem Tapping hat mir tatsächlich Sport geholfen, meine Selbstwahrnehmung zu verbessern und meinen Körper zu lieben. Als ich krank war, habe ich endlos lange und anstrengende Läufe gemacht und dabei die ganze Zeit daran gedacht, wie fett ich bin. Da war null Freude dabei. Heute gehe ich fünfmal pro Woche ins Fitnesscenter, zweimal mache ich Pilates und dreimal Training mit Gewichten. Und ich liebe es! Mit Sport kann ich meine Stimmung ganz schnell aufheitern und mir zugleich dabei zusehen, wie ich stärker und ausdauernder werde.

Ein Fitnesscenter ist natürlich nicht für jeden etwas. Probiere einfach ein paar Sportarten aus, bis du diejenige findest, die dir einen Kick gibt. Vielleicht liebst du Yoga, machst gern Zumba oder gehst mit deinen Lieblingssongs im Ohr Joggen – was auch immer dir gefällt.

Warum fühlt man sich um 200 Prozent besser, wenn man seinen Körper fordert? Die Erklärung dafür ist ganz einfach: Sport setzt Endorphine und Adrenalin frei, was ein sofortiges, natürliches Hoch bringt.

Falls dir schon der Gedanke an Sport Übelkeit verschafft, lass es! Eine wunderbare Art, mit deinem Körper mehr in Kontakt zu treten, ist: einfach mehr masturbieren! Das ist schließlich die tiefere Bedeutung von Selbstliebe – und wer könnte sich schon von der himmlischen Vorstellung von Orgasmen abgestoßen fühlen?!

Ein wichtiger Punkt ist auch deine Körperhaltung beziehungsweise deine Körpersprache. Mache deinen Rücken gerade, zieh die Schultern tief und hebe den Kopf hoch. Wenn wir lächeln, obwohl wir schlecht drauf sind, vermitteln wir dem Gehirn, dass wir eigentlich glücklich sind! Aufrecht stehen hat übrigens den gleichen Effekt auf die Psyche. Mache deinen Hals lang, hebe das Kinn, channele deine innere Nofretete und siehe da, dein Leben wird sich weiterentwickeln!

Anpacken, Loslegen, Anfangen

Mein Dad hat mir immer gesagt: Einer der besten Wege, das Selbstwertgefühl zu steigern, ist, Herausforderungen anzunehmen und sie bis zum Ende durchzuziehen. Dinge in Angriff zu nehmen, auf die man stolz sein kann! Er liebt den Spruch:»Pack dir erst mal die Taschen voll mit ein paar Erfolgen.« Natürlich hat er damit recht.

Willst du lernen, dich selbst zu lieben, solltest du wie schon erwähnt klein anfangen. Wenn du als erste Herausforderung gleich den Mount Everest besteigst, wirst du dich schnell überfordert fühlen. Versuch stattdessen etwas Einfaches. Nimm dir vor, eine Woche lang zu meditieren, kaufe dir ein Paar Laufschuhe und gehe einmal die Woche joggen oder bezahle deine Rechnungen, sobald sie in deinem Briefkasten landen. All die kleinen Erfolgserlebnisse werden dir dabei helfen, ein positives Selbstbild zu bekommen.

Sobald du etwas erreicht hast, setzt du dir ein neues Ziel und nimmst es in Angriff. Ziele sind ein wesentlicher Faktor, um dein Selbstwertgefühl aufzubauen. Sie anzupacken und zu erreichen, zeigt dir, dass du ein wertvoller Mensch bist, der eine Aufgabe und einzigartige Talente zu bieten hat!

✴ ✴ ✴

KREIERE DEIN IDEALES ICH

Als ich geboren wurde, nannten meine Eltern mich Amy. Jahre später fragte ich sie, warum eigentlich. Und sie antworteten: »Wir wollten nicht, dass du einen Spitznamen bekommst.« Meine Geschwister heißen Sarah und Paul, also sagen wir mal, kreative Namensgebung war nicht gerade ihre Stärke.

Ich mochte den Namen Amy nie. Er hat einfach nichts darüber ausgesagt, wer ich war. Wenn ich, was ich oft tat, in Büchern mit Babynamen und deren Bedeutungen stöberte, wäre ich gern eine Aurora gewesen (die Göttin der Morgenröte), meinetwegen auch eine Momo (hundert Segen) oder eine Cynthia (Göttin der Jagd und der Fruchtbarkeit). Amy bedeutet »die Geliebte«. Gähn. Mein Name war so gewöhnlich – und ich war immer nur eine von mehreren Amys in der Klasse. Ich war »Amy P.«, neben »Amy S.« und »Amy T.«. Schrecklich!

Als ich 1996 das Internet für mich entdeckte, bot sich die Chance, zu sein, wer immer ich wollte. Also tauchte ich sofort tief in die Welt der Spitznamen und Fantasiecharaktere ein. Ich probierte alles aus, was mir in den Kopf schoss. Mein erster Online-Name lautete TheWizard. Danach nannte ich mich Blood-Rose (meine Gothic-Phase), dann Ponderosa. Tja, und mein Meisterwerk war Fuckerina. Bezaubernd, oder?

Ab 2003 begann ich, mich online Gala zu nennen. Ich weiß nicht mehr genau, was der genaue Anlass war, aber ich bin sicher, dass Salvador Dalís Frau einen gewissen Einfluss ausübte. Je länger ich den Namen Gala benutzte, desto besser gefiel er mir. Da wurde mir klar, dass ich mich in keinster Weise mit dem Namen auf meiner Geburtsurkunde identifizierte.

Deshalb beschloss ich, meinen Namen zu ändern. Obwohl ich nicht sicher war, wie genau ich nun heißen wollte und ob Gala tatsächlich das Rennen machen würde, war ich überzeugt, dass sich der richtige Name schon finden würde. Im selben Monat wachte ich eines Nachmittags nach einem Nickerchen mit dem folgenden Namen im Kopf auf: GALA LUMIÈRE DARLING.

Die formale Namensänderung vorzunehmen war ein Klacks. Ich füllte einige Formulare aus und verschickte sie zusammen mit einem Scheck über 150 Dollar für die Gebühren. Fertig. Der emotionale Effekt dieser Änderung hingegen hatte einen enormen Einfluss auf mein Leben.

Erst hatte ich einen Namen, den keiner so richtig wahrnahm, und dann auf einmal einen, zu dem jeder eine Meinung besaß: »Gala? Das ist hübsch! oder »Gala, so wie Abendveranstaltung?« oder »Ich wünschte, mein Nachname wäre Darling.«

Aber nicht nur das. Gala Lumière Darling war ein echtes Schwergewicht. Er hatte etwas verheißungsvolles, er hatte Potenzial, er funkelte und pulsierte geradezu. Dieser Name war magisch und ich liebte ihn. Allerdings war er für mich zu jener Zeit eine Nummer zu groß. Er klang so bombastisch und abgefahren, dass ich mich beinahe von ihm eingeschüchtert fühlte.

Ich musste einsehen, dass es absolut lächerlich gewesen wäre, sich mit einem solchen Namen arbeitslos zu melden, was ich immerhin schon zweimal hinter mir hatte, weil ich von Scheißjob zu Scheißjob wechselte. Deshalb war klar, dass ich endlich mit etwas Sinnvollem um die Ecke kommen musste. Und dass es langsam an der Zeit war, meine Träume auszuleben. Zitter. Bibber.

Wenn du einen Namen hast, der die Leute zum Aufschreien bringt, sobald du mit deiner Kreditkarte bezahlst oder einen Termin beim Arzt ausmachst, dann fühlst du einen gewissen Druck, ihm auch gerecht zu werden und das zu werden, was er zum Ausdruck bringt. Letztlich war Gala Darling ein Glücksfall für mich. Ich brauchte einen kleinen Schubser, um voranzukommen – und dieser Name war das fehlende Teilchen im Puzzle.

Namen sind für mich wie Lover oder Klamotten. Manchmal wachsen wir aus ihnen heraus und es ist nichts Schlimmes dabei, sie hinter uns zu lassen, während wir mutig einer neuen Zukunft entgegen streben. Wer weiß, vielleicht ändere ich meinen Namen ja irgendwann noch einmal, falls ein anderer dann besser zu mir passt. Warum nicht?

Zugegeben, eine Namensänderung ist eine extreme Maßnahme, um deine Persönlichkeit zu entwickeln. Aber vielleicht inspiriert dich das ja zu ein paar Ideen, wie du dich verändern kannst. Den Namen zu ändern ist nur eine Option, du kannst dir auch erst mal einen Spitznamen zulegen. Oder du lässt dir die Haare schneiden, veränderst deinen Style, redest langsamer ... Ganz egal, was du tust, es geht darum, der Mensch zu sein, der du sein möchtest.

Schreckt dich das ab? Dann fange wie immer klein an. Vielleicht denkst du einfach an deine schicke Mutter, wenn du dich morgens anziehst, oder an deine schlaue Tante, wenn du eine wichtige Entscheidung in der Arbeit treffen musst. Lasse das Gefühl, das du dabei empfindest, wachsen und gedeihen. Denke an Madonnas Ego, an Donald Trumps Ehrgeiz oder an Marie Antoinettes Hang zur Dekadenz. Okay, manchmal wirkt es vielleicht nicht, sich jemanden vorzustellen, den man bewundert. Das macht aber nichts. Einer meiner Exfreunde sagte immer, es sei nicht schlimm zu scheitern, das passiere allen. Man muss nur oft und schnell scheitern, damit man umso fixer wieder seinen Hintern hoch bekommt, daraus lernt und sich weiterentwickelt. Du findest am einfachsten heraus, wie sehr du dich liebst, wenn du deine alltäglichen Entscheidungen betrachtest. Letztlich bringt alles, was wir tun, das eigene Selbstwertgefühl zum Ausdruck. Das ist ein sichtbarer Beweis dafür, wie hoch oder niedrig wir uns einschätzen. Wenn du dich selbst nicht wertschätzt, wird dein Lebensstil das widerspiegeln. Vielleicht hängst du dauernd mit Leuten ab, die schlecht drauf sind, vielleicht bist du ein Meister im Verdrängen oder du ernährst dich ausschließlich von Alkohol, Cola und Chips ...

Egal, ob gut oder schlecht, unser Gehirns will hinter allem einen Sinn sehen und rechtfertigen, was wir tun. Darin sind wir Menschen Spitzenklasse. Wir finden für alles Entschuldigungen und Erklärungen. Selbst wenn du bis zum Abwinken versuchst, dein ungünstiges Verhalten zu rechtfertigen, tief in deinem Inneren weißt du, das jemand, der sich selbst liebt, so etwas nicht tut.

Aber bevor du dich deswegen zerfleischst – vergiß bitte nicht: Es gibt da da draußen niemanden, der keine Probleme hat. Radikale Selbstliebe ist ein andauernder Prozess und wie wunderbar auch immer deine Absichten sein mögen – wir alle treffen hin und wieder Entscheidungen, die uns niederdrücken. Anstatt ins Fitnesscenter zu gehen, schaust du fünf Stunden irgendwelche Realityshows im Fernsehen an, anstatt ein Buch zu lesen, langweilst du dich in deiner Beziehung, deren Verfallsdatum längst überschritten ist ... Diese Liste ließe sich endlos weiterführen.

Das ist okay. Denn ein wichtiger Aspekt von Selbstliebe ist Vergebung beziehungsweise Akzeptanz. Während wir uns anstrengen, das Beste aus uns herauszuholen, müssen wir zugleich akzeptieren, dass wir auch nur Menschen sind. Halte dich nicht mit unerreichbaren Zielen auf. Gib jetzt das Beste, das du kannst.

Diese innere Arbeit erscheint auf den ersten Blick wie eine Tortur epischen Ausmaßes, aber sie ist in Wirklichkeit stärkend und ermutigend, weil sie dir die Möglichkeit gibt, der Mensch zu sein, der du sein willst. Du kannst die Eigenschaften, die du an anderen bewunderst, in dein Wesen integrieren. Daran ist nichts Verkehrtes, das macht jeder auf die eine oder andere Art. Letztlich geht es im Leben nicht darum, sich selbst zu finden, sondern sich selbst zu erfinden. Es gehört zu diesem Prozess, sich auszuprobieren, Verhaltensweisen »auszuleihen«, anzunehmen oder zu verwerfen. Jeder große Künstler würde auf die Frage, wer ihn beeinflusst habe, eine Reihe von Namen runterrattern. Vieles von dem, woran sie arbeiten, ist eine Variante von dem, was sie von anderen gelernt haben. Nur damit das klar ist: Ich will damit nicht sagen, dass du eine Kopie von jemand anderem sein sollst. Das wäre nicht wahrhaftig und ehrlich dir selbst gegenüber. Du würdest dich nur hinter etwas verstecken, das dir gar nicht entspricht. Dennoch ist es sehr hilfreich, sich umzuschauen und zu beobachten, was man an anderen mag, eine Liste mit den Lieblingscharaktereigenschaften zu erstellen und sich neue Verhaltensweisen anzueignen.

Wenn wir uns die Großen der Weltgeschichte anschauen – die Oscar Wildes, Diana Vreelands, Twiggys und Albert Einsteins –, stellen wir fest, dass uns vor allem ihre Einzigartigkeit fasziniert. Die wirklich abgefahrenen, grandiosen Leute, die aus der Masse herausstechen und andere inspirieren, sind sozusagen die hyperreale Version eines normalen Menschen. Ihr Charakter ist so überentwickelt, dass sie beinahe wie ihre eigene Karikatur wirken.

Wir können unsere Persönlichkeit dahingehend ausweiten und entwickeln, aber das passiert nicht über Nacht. Deine Einzigartigkeit braucht Zeit, um sichtbar zu werden. Auch wenn wir alle wunderschön, wild und außergewöhnlich geboren wurden, es dauert, bis wir reifen, bis die Facetten unseres Charakters Form annehmen. Auch wenn du dir dessen vielleicht nicht bewusst bist: Wir verändern uns ständig – unsere Interessen, Verhaltens- und Sprechweise, die Art, wie wir uns bewegen ... Was wäre das Leben, wenn wir uns nicht entwickeln würden?

Wie warst du vor fünf Jahren, vor zwei Jahren oder auch nur vor sechs Monaten? Ich bin sicher, dass du nicht mehr derselbe Mensch bist wie damals. Schöne, tragische oder ungewöhnliche Dinge werden seitdem passiert sein und sie haben dich zu dem Menschen geformt, der jetzt dieses Buch liest. Veränderung ist unausweichlich. Auch wenn sie nicht immer angenehm ist, so bringt sie uns doch voran, um noch besser und grandioser zu werden. Veränderungen machen unser Leben schöner, größer, aufregender und liebenswerter. Deshalb musst du keine Angst davor haben, dich selbst zu lieben und mehr vom Leben zu wollen.

In Sachen Selbstfindung und Entwicklung gehe ich mit dem, was Rapper The Notorious B.I.G. besingt: The sky is the limit! Nach oben gibt es keine Grenzen. Alles ist möglich. Selbst die großartigsten Menschen haben irgendwo angefangen. Warum sollte dir das nicht gelingen?

Um das zu erreichen, gilt es als erstes, die Art und Weise zu verändern, wie du von dir selber denkst. Die meisten Leute gehen davon aus, irgendwann wie ihre Eltern zu enden. Sobald sie jedoch feststellen, dass sie ihr eigenes Ding machen können, sind diese Gedanken schnell Schnee von gestern. Du kannst das Leben deiner Träume leben, etwas anderes anzunehmen, wäre absolut entmutigend.

Denk nur mal an die unendlichen Kräfte und Möglichkeiten in diesem Universum. Wer sagt eigentlich, dass wir nicht das Zeug dazu haben, uns das Leben zu erschaffen, das wir uns wünschen? Ich selber bin der beste Beweis dafür, und du kannst das auch! Für jedes »Nein, das geht nicht!«, das man mir mit hängenden Mundwinkeln entgegenbrachte, kann ich dir Tausend Erfahrungen nennen, die das Gegenteil belegen. Deshalb lasse ich solche Zweifler einfach links liegen.

Also: Was willst du aus deinem Leben machen? Was willst du erreichen? Möchtest du modisch, extrovertiert, mutig und schlagfertig sein? Willst du Tennis oder Schlagzeug spielen? Oder jeden Morgen Schwimmen gehen? Es ist niemals zu spät, damit anzufangen! Du musst nur die Wahl treffen, in welche Richtung du dich bewegen möchtest, und dann den ersten Schritt tun. Das ist alles. Es mag eine Weile dauern, bis sich die Dinge entwickeln, aber noch nicht mal das muss so sein. Du kannst daten, wen du magst, eine Arbeit machen, die dir zusagt, in der Stadt leben, für die dein Herz schlägt, und dich anziehen, wie es dir gefällt. Alles, was dazu notwendig ist: eine Entscheidung und bewusstes Handeln.

Jeder Idiot findet etwas, worüber er sich aufregen kann. Wohingegen es Engagement und eine gewisse Fertigkeit erfordert, das Gute im Leben zu sehen. Wer glücklich sein will, muss Stärke und Intelligenz zeigen.

#RSLBOOK

37

HAUSAUFGABEN

💜 **HABE SPASS MIT #radicalselfielove!**
Selfies sind eine wunderbare Möglichkeit zum Selbstausdruck. Mit einem Selbstporträt zeigst du der ganzen Welt, wie du gesehen werden willst. Das ist ein ziemlich kraftvolles Tool. Mache Fotos von dir und lerne, dich damit wohl zu fühlen, wie du aussiehst. Fotografiere die Körperteile, die du am wenigsten an dir magst – und zeige sie keinem. Schaue einfach nur immer wieder mal auf diese Bilder und übe dich darin, dich so zu lieben, wie du bist.

💜 **PROBIERE TAPPING AUS.**
Auf diese Weise wirst du deine negativen Gedanken und Gewohnheiten am schnellsten los. Wer will schon an schmerzhaften Gefühlen und Erinnerungen festhalten? Wenn du sie wegklopfst, bist du frei, um der Mensch zu werden, der du sein willst. Am einfachsten schaust du dir dazu mein Video auf www.galadarling.com/article/eft an und probierst es zu Hause aus. Ein weiterer Link ist: www.galadarling.com/tapthat.

💜 **VERINNERLICHE NEUE POSITIVE EIGENSCHAFTEN.**
Lege dir eine Liste von Menschen an, die dich inspirieren. Neben ihre Namen schreibst du alle Eigenschaften, die du an ihnen bewunderst. Anschließend überlegst du dir, wie diese Merkmale dein eigenes Leben bereichern können. Schreibe alles auf, was dir dazu einfällt und klebe den Zettel an deine Eingangstür, damit er dich täglich an dein Vorhaben erinnert. Wünschst du dir zum Beispiel mehr Ausstrahlung, könntest du besser auf deine Körperhaltung achten, mehr Farbe bei der Wahl deiner Klamotten wagen und öfter lächeln. Möchtest du mehr Durchsetzungskraft zeigen, solltest du dich als erstes fragen: Was will ich eigentlich? Und danach daran arbeiten, zu allem »Nein« zu sagen, was du nicht willst.

♥ **ENTLARVE LIMITIERENDE GLAUBENSSÄTZE.**
Manchmal kann es schwer sein, die limitierenden Glaubenssätze zu identifizieren, denn sie bestimmen unsere Gedanken und unser Weltbild. Hier ist mein Vorschlag: Wenn dir ein Gedanken durch den Kopf geht (egal, was für einer), frage dich: Stimmt das wirklich? Nachfolgend einige Beispiele für hinderliche Gedanken: Alle Männer sind Schweine. Es gibt keine kreativen Berufe, die mir Spaß machen. Keiner will mich einstellen. Ich bin dazu verdammt, den Rest meines Lebens allein zu bleiben. Ich bin immer krank. Sowas passiert immer nur mir. Schreibe alle limitierenden Glaubenssätze auf, die du verändern oder abstellen möchtet und klopfe sie mit der Tapping-Methode weg.

♥ **FREUNDE DICH MIT DEINEM KÖRPER AN.**
Bei meinen Radial-Self-Love-Treffen höre ich immer wieder, dass Frauen keinen richtigen Draht zu ihrem Körper haben. Benutze ihn oder du verlierst die Verbindung zu ihm! Gehe in einen Yogakurs, entstaube deine Laufschuhe oder trainiere einfach mit einem Hula-Hoop-Reifen im Wohnzimmer. Du kannst auch täglich fünf Minuten lang meditieren. Laufe barfuss auf Gras. Und falls du noch nie einen Orgasmus hattest – dann, um Himmels Willen, Babe, kaufe dir einen Vibrator!

40

KAPITEL 2

FINDE DEIN PERSÖNLICHES GLÜCK UND HALTE ES FEST

Entscheide dich für Spaß, erschaffe magische Momente und widme dein Leben der Liebe, dem Abenteuer und anderen Köstlichkeiten!

Glücklich zu sein ist unsere Natur. Kinder sind die meiste Zeit glücklich. Aber mit den Jahren wird das Leben erfahrungsgemäß holpriger, sodass es uns öfter aus der Bahn wirft. Glück wird dann zu etwas Flüchtigem, Seltenem, wofür wir uns anstrengen müssen. Wir beginnen, es in Frage zu stellen: Verdienen wir es, glücklich zu sein? Können kluge Menschen glücklich sein? Wie soll man sich glücklich fühlen, wenn die Welt da draußen ein Trümmerhaufen ist? All diese Gedanken und ungünstigen Umstände sorgen für eine Menge Verwirrung, die uns immer weiter davon entfernt, einfach nur glücklich zu sein. Dabei wollen wir alle doch genau das, oder?

Meiner Meinung nach ist das Wichtigste, das du für dich selbst tun kannst, dich jeden Tag gut zu fühlen. Dann nämlich ziehst du wieder Gutes an. Das ist das Grandiose am Glücklichsein: Du kannst diesen Zustand ganz einfach erreichen. Du muss dich nur entscheiden: entweder für einen Gedanken, der dich glücklich macht, oder für einen, der dir Angst einjagt. Diese Entscheidung kannst du jederzeit treffen.

WILLKOMMEN IM JETZT

Soll ich dir ein Geheimnis verraten? Dieser Moment, wo immer du gerade auf der Welt sein magst, ist der einzige, den du wirklich erleben kannst. Der morgige Tag kommt vielleicht gar nicht. Die Vergangenheit ist vorbei. Deine Zukunft bleibt ein Mysterium. Es gibt nichts anderes als das Jetzt

Deshalb kannst du auch nur diesen Moment kontrollieren. Das mag so klingen, als wollte ich dein Leben auf einen winzigen Zeitpunkt herunterbrechen, aber das ist nicht der Fall. Alles ist möglich im Jetzt. Dieser gegenwärtige Moment ist magisch, ja fast heilig, und vor allem verdammt LEBENDIG! Er ist da.

44

In diesem Moment kannst du alles machen, was du möchtest. Du musst nicht darauf warten, dass dir jemand die Erlaubnis dazu erteilt. Die Fähigkeit, dein Leben zu ändern, steckt in dir! Du kannst die positiven Gedanken dazu nutzen, die schönen Dinge des Lebens anzuziehen: Liebe, Wohlstand, Gesundheit und Abenteuer jeglicher Art.

Es liegt so viel Zauber im Jetzt. Je mehr wir uns dessen bewusst sind, desto glücklicher werden wir sein. Zu lernen, wirklich im Hier und Jetzt zu leben, ist eine großartige Aufgabe, aber es kann dauern, bis uns das gelingt. Eckhart Tolle hat darüber ausführlich geschrieben. Seine Bücher dazu kann ich nur empfehlen. Trotzdem kannst du ganz einfach damit beginnen: Wenn deine Gedanken Achterbahn fahren und deine Ängste dich überfordern – nimm dir einen Moment Zeit und lass das alles ziehen. Das funktioniert am einfachsten, indem du dir vorstellst, dass alles verschwindet. Dein Gedankenwust ist wie ein großer Stein, den du aus dem Fenster oder eine Klippe hinunter ins Meer werfen kannst. Hast du dir das bildhaft vorgestellt, konzentrierst du dich auf deinen Atem. Versuche, genauso lange ein- wie auszuatmen. Wenn du das eine Weile lange machst, wirst du dich anders fühlen, weil sich dein Bewusstsein und dein Fokus verändert haben. Du hast danach eine andere Sichtweise auf die Dinge. Mache diese Übung, so oft du kannst.

Meditation ist eine weitere fantastische Möglichkeit, mit dem Hier und Jetzt vertrauter zu werden. In Kapitel 1 findest du mehr Tipps dazu.

Im Hier und Jetzt aufzugehen und das ganz bewusst zu schätzen, ist der beste Weg, um den Tag zu verschönern. Ich sage nur: Carpe diem, ma chérie! Wenn du dir die Mühe machst, jeden Tag als fantastischen Schatz voller Möglichkeiten zu sehen, kannst du das Beste daraus machen. Dann liegt dir die Welt zu Füßen.

BEOBACHTE DEINE VERHALTENSMUSTER

Glücklich zu sein ist allerdings nicht ganz so einfach wie im Hier und Jetzt zu leben. Dazu müssen wir herausfinden, wie wir ticken. Nur so lassen sich die Dinge verändern, die nicht mehr passen. Du kannst einen guten Anfang machen, indem du dir deine Verhaltensmuster genauer anschaust.

Wir alle haben Muster. Wir erlernen sie als Kinder – und die meisten Menschen funktionieren ihr Leben lang über diese Parameter. Auch wenn sie uns bequem erscheinen mögen, genügt bereits ein kurzer Blick in unser Inneres, um zu erkennen, dass wir ein paar von ihnen lieber loswerden sollten.

Was genau verstehe ich unter Mustern? Das sind unbewusste Glaubenssätze, die unser Handeln bestimmen. Auf diese Weise wiederholen wir die immer gleichen Geschichten in unserem Leben. Hier kommen ein paar Verhaltensmuster, die du vielleicht selber kennst.

♥ »Ich komme immer zu spät.« Manche Menschen lassen mit ihrem Verhalten den weißen Hasen von *Alice im Wunderland* alt aussehen: Sie kommen immer, wirklich immer zu spät, egal, aus welchem Grund. Dieses Muster kann so ausgeprägt sein, dass sie sich, sollten sie tatsächlich einmal pünklich sein, unbewusst einen Knüppel zwischen die Beine werfen und schließlich doch wieder der Zeit hinterherlaufen.

♥ »Das Leben ist ein Drama.« Dieses Verhalten ist eng mit der Vorstellung verknüpft, dass man es nicht verdient, glücklich zu sein. Auch wenn sich die Dinge eigentlich gut entwickeln, werden Menschen mit diesem Muster dennoch dunkle Wolken und Krisen kommen sehen. Und das wiederum bestärkt ihren Glauben, dass das Leben hart sei.

♥ »Mir geht es heute nicht so gut.« Manche Leute fühlen sich ständig unwohl oder krank. Nicht selten lässt sich das auf

Erfahrungen zurückführen, die sie in ihrer Kindheit gemacht haben. Wo auch immer dieser Glaubenssatz seinen Ursprung findet, wenn man so jemanden fragt, wie es ihm geht, wird er garantiert irgendein Zipperlein zum Besten geben!

♥ »Ich habe nie Geld!« Solche Menschen finden immer einen Weg, ihr Geld auszugeben, auch wenn sie dann fast nichts mehr an Reserven haben. Viele Lottogewinner gehen innerhalb von ein oder zwei Jahren pleite: Weil es sich für sie falsch anfühlt, so viel Geld zu haben, findet ihr Unterbewusstsein immer einen Weg, um alles wieder auszugeben.

♥ »Die Leute sind so gemein zu mir!« Menschen mit diesem Muster kommen schlichtweg mit keinem klar – egal ob in der eigenen Familie, in der ihres Partners, mit Kollegen oder dem Freundeskreis. Und du wirst vermutlich auch schon festgestellt haben: Es liegt nie an ihnen!

♥ »Ich bin immer zur falschen Zeit am falschen Ort.« Ich nenne das ewigen Pessimismus. Wollen wir lieber keine Zeit damit verschwenden.

♥ »Warum immer ich?« Nun ja, wir bekommen das, was wir erwarten.

Also, wie fangen wir es nun an, solche Muster zu durchbrechen? Es ist ja nicht gerade leicht, glücklich zu werden, wenn man immer pleite beziehungsweise krank ist oder wenn die Leute immer gemein zu einem sind. Die gute Nachricht lautet: Nichts davon ist wahr. Unser Gehirn gaukelt uns das bloß vor, weil wir die Geschichten, die wir uns ständig selber erzählen, glauben.

Diese Erkenntnis ist bereits die halbe Miete. Die meisten von uns sind sich überhaupt nicht bewusst, dass sie über solche Muster funktionieren, deshalb können wir daran auch nichts ändern. Sobald du jedoch eine Ahnung davon bekommst, was in dir vorgeht, kannst du beginnen, die alten Gewohnheiten zu durchbrechen, die diese Verhaltensmuster stärken und am Leben halten.

47

Schauen wir uns als erstes an, wie du solche alten Glaubenssätze entlarven kannst. Schnalle dich an – und los geht's!

VERANTWORTUNG ÜBERNEHMEN

Verantwortung für dein Leben zu übernehmen ist ein wichtiges Puzzleteil, wenn es um dein Glück geht. 100 Prozent Radikale Verantwortung! Darüber gibt es keine Diskussion! Einige Leute fühlen sich vermutlich allein durch den Gedanken schon irritiert. Aber dieser Schritt ist zwingend notwendig, um ein erfülltes Leben zu führen.

Viele Menschen gehen durch ihr Leben und geben allem und jedem die Schuld. Sie sind mit nichts zufrieden und betrachten sich als Opfer ihrer Umstände, nicht als »Kapitän auf dem eigenen Schiff«. Das Leben passiert ihnen einfach, weil sie glauben, keinen Einfluss darauf zu haben. Sie wissen nicht, was als nächstes kommt und fürchten sich vor Veränderungen. Logisch, dass man sich mit einer solchen Einstellung nicht wirklich glücklich fühlt. Weil sie dem Glück nicht über den Weg trauen, hält es auch nicht an. Es erübrigt sich zu erwähnen, dass das Leben so keinen Spaß macht.

Verantwortung für sich selbst zu übernehmen kann einem ganz schön viel Angst einjagen. Allein das Wort zu lesen sorgt bei manchen schon für einen Kloß im Hals. Andere werden aggressiv, wenn man sie damit konfrontiert ... manchmal sogar sehr aggressiv. Sie schreien herum und kommen mit zehn Millionen »völlig logischen« Gründen, warum dies oder jenes nicht ihre Schuld war. Wenn man aber bedenkt, dass unsere Gedanken die Wirklichkeit erschaffen und wir das anziehen, was uns am häufigsten im Kopf herumgeht, dann ist es nur logisch, dass wir für unser Leben verantwortlich sind.

Unsere äußere Welt spiegelt unsere inneren Glaubenssätze wider.

Die Frauenrechtlerin Gloria Steinem sagt: »Die Wahrheit wird dich befreien. Auch wenn sie dich zuerst einmal wütend macht!« Wie wahr!

Manche Menschen verstehen etwas ganz anderes, wenn man ihnen sagt, sie seien zu 100 Prozent für ihr Leben verantwortlich. Sie hören: Das ist alles deine Schuld. Du bist ein schlechter Mensch, denn sonst wäre dir das gar nicht passiert. Das hat gar niemand gesagt. Das ist bloß ihre Interpretation.

Es sieht doch so aus: Keinem von uns wurde das jemals beigebracht. Niemand hat uns erklärt, dass unsere Gedanken unser Leben beeinflussen und verändern. Wir haben davon erst mal keine Ahnung. Wir lernen unsere Denk- und Verhaltensmuster von unseren Eltern, die sie wiederum von ihren Eltern übernommen haben und so weiter. Die jetzige Generation wacht gerade erst auf, diese Informationen sind neu für uns, wir erkennen erst nach und nach, dass wir mit unseren Gedanken unsere Welt erschaffen. Du musst dich also nicht schlecht fühlen, weil du das bisher nicht wusstest. Das ist okay! Dieses Buch ist ein Crashkurs, eine schillernde Einführung in ein neues Universum der Möglichkeiten.

Wie lässt sich das nun in die Tat umsetzen? Wie kannst du damit anfangen, zu den Entscheidungen deines Lebens zu stehen? Der Weg besteht aus vielen kleinen Schritten, die lediglich eine leichte Veränderung in deinem Denken erfordern. Anstatt deinen Exfreund dafür verantwortlich zu machen, dass er dein Leben ruiniert hat, kannst du die Verantwortung dafür übernehmen, ihn überhaupt in dein Leben gelassen zu haben, sodass er das Chaos hat anrichten können.

Dieser Mangel an Eigenverantwortung durchdringt alle Lebensbereiche. Er ist überall: Die Menschen geben ihrem Partner, ihren Kollegen oder dem Verkehr die Schuld dafür, dass sie so schlecht drauf sind. Irgendwas passiert auf dem Weg zur Arbeit und sie sind den ganzen Tag genervt. Statt sich selber in die Verantwortung zu nehmen, denken sie nur darüber nach, wie die anderen ihnen den Tag versauen. Aber weißt du was: Solange du so denkst, hast du keine Kontrolle über dein Leben. Du bist ein Opfer der Menschen, die dich umgeben. Das ist doch Blödsinn – und es stimmt noch nicht mal! Du hast es in jeder Situation selbst in der Hand, wie du reagierst, wenn etwas nicht so läuft, wie du es dir vorstellst: Du kannst dich dafür entscheiden, dir den Tag zu versauen oder darüber zu lachen und dich auf die Dinge konzentrieren, die wirklich wichtig sind.

Eleanor Roosevelt hat mal gesagt: »Niemand kann dir ohne deine Zustimmung das Gefühl geben, minderwertig zu sein.« Dieser Satz trifft auf alles im Leben zu, nicht nur auf Minderwertigkeitsgefühle. Jeder Mensch hat seine Sorgen und Nöte, das ist klar, aber es liegt an dir, ob du dich davon vereinnahmen lässt. Es ist deine Entscheidung, sie wird dir nicht aufgezwungen. Lass die Sorgen anderer Leute deren Sorge sein. Lasst sie an dir vorüberziehen, als hätten sie nichts mit dir zu tun. Denn so ist es ja in Wirklichkeit auch.

Das hört sich jetzt etwas beängstigend an, ich weiß. Die Kraft deiner Gedanken jagt dir vielleicht einen gehörigen Schrecken ein. Keine Sorge! Die Verantwortung für dich zu übernehmen ist unglaublich befreiend, weil du auf diese Weise deine innere Kraft entdeckst. Schaue dir die guten und weniger guten Sachen in deinem Leben an. Du selbst hast sie alle angezogen, ob du das glaubst oder nicht. Wenn du kraft deiner Gedanken in der Lage bist, Negatives anzuziehen – schlechte Beziehungen, Scheißjobs, Lustlosigkeit –, was könntest du erst erreichen, wenn du deine Aufmerksamkeit auf das Positive richtest? Was, wenn du dich, statt immer nur daran zu denken, wie schlecht alles ist, darauf konzentrierst, wie WUNDERBAR das Leben ist? Selbst wenn es etwas gibt, das nicht so gut läuft, musst du zugeben, dass die Welt voll von schönen Dinge ist: Liebe, Musik, Kunst, leckeres Essen, frisches Frühlingsgras, Schneeflocken. Du kannst mit süßen Welpen kuscheln, Hula-Hoop am Strand tanzen und neue Städte erkunden. Es gibt frisches Gemüse, falsche Wimpern, majestätische Gebirge, riesige Elefanten, Träume und Adrenalin, Skydiving und Gartenarbeit.

Das Leben ist eine sich selbst erfüllende Prophezeiung. Was immer du dir vorstellst, was immer du erwartest, tritt auch ein. Und noch etwas: Du kannst dein Leben gestalten, wie du willst. Ich sage das mit absoluter Überzeugung, weil ich es selbst geschafft habe, ebenso wie alle meine engsten Freunde! Denke an die Menschen, die du bewunderst, die in deinen Augen ein tolles Leben führen. Was glaubst du, wie sie dahin gekommen sind? War eine Reihe von Zufällen dafür verantwortlich? Haben sie einfach nur »Glück« gehabt? War ihnen das schon von Geburt an bestimmt? Nein, nein und nochmals nein. Sie leben so, weil sie sich diese Realität erschaffen haben!

Nur um eines klarzustellen: Die Verantwortung übernehmen heißt nicht, schuld an sexuellem Missbrauch und Gewalterfahrungen durch andere zu sein. Ich kenne dich und deine Geschichte nicht, was ich aber weiß ist, dass es darum nicht geht. Wenn du irgendwann mal ein Opfer warst, ist es ein wichtiger Entwicklungsschritt, dass du nicht in dieser minderwertigen Denkspirale hängenbleibst. Mit Verantwortung meine ich, sich klarzumachen, was in der Vergangenheit passiert ist, etwas daraus zu lernen und dafür zu sorgen, dass die Wunden heilen. Machst du dir das nicht bewusst, läufst du Gefahr, dass sich deine Kindheitstraumata in deinem Erwachsenenleben ständig wiederholen, auch wenn du ursächlich nicht dafür verantwortlich warst, dass das passiert ist.

Ab jetzt geht es darum, für das, was du denkst und tust die Verantwortung zu übernehmen. Tust du das nicht, wird sich nichts ändern. Dann ist eben weiterhin das miese Wetter oder die schlechte Wirtschaftslage schuld daran, wenn etwas nicht so gut läuft. Dann machst du eben keine neuen Entwicklungsschritte und lernst nicht dazu.

Alles, was dir heute passiert ist, ob du den Bus verpasst, mit deinem Liebsten gelacht, dein Pausenbrot vergessen oder einen

51

Schwatz mit deinem Lieblingsbarista gehalten hast, das alles ist ist kraft deiner unbewussten Gedanken passiert. Menschen nehmen sich nicht bewusst vor, ihr Leben so kompliziert wie möglich zu gestalten. Dein Unterbewusstsein ernährt sich gewissermaßen von dem, was du in dein Bewusstsein lässt. Die Gedanken, die dir im Kopf herumschwirren, die Worte, die du aussprichst, die Musik, die du hörst, die Menschen, die du triffst, ebenso wie die Blogs, die du liest – das alles beeinflusst die Art, wie du lebst. Das alles formt deine Zukunft. Also, worauf willst du deine Aufmerksamkeit richten?

WIE DU DEINEM ALLTAG MAGIE EINHAUCHST

Du hast es in der Hand, deinen Tagesablauf so zu gestalten, wie es dir gefällt, und das zu tun, was dich glücklich macht. So wie du anfängst, wirst du auch weitermachen. Deshalb lohnt es sich, den Tag mit etwas zu beginnen, das dir Freude bereitet und ein Lächeln auf dein Gesicht zaubert.

Musst du morgens erst mal mit deinem Wecker kämpfen, um aus dem Bett zu kommen? Sorry, so sieht kein idealer Start aus. Mache die Vorhänge ein wenig auf, damit dich das Morgenlicht wachküssen kann. Lasse dich von deinem Lieblingssong in den Tag holen.

Stehe fünfzehn Minuten früher auf, um zu meditieren, solange es im Haus noch ruhig ist. Du kannst dir auch ein paar Minuten Zeit nehmen, um die Träume der vergangenen Nacht aufzuschreiben oder eine Liste mit den Dingen zu machen, die du dir von diesem Tag erhoffst. Gehe joggen, bevor du duschst, mache ein paar Sonnengrüße gleich nach dem Aufstehen oder bereite dir ein grandioses Frühstück mit frischem Obst. Was immer dir Freude bereitet, mache dir heute einen Plan und setze es ab morgen um.

Brauchst du ein paar Anregungen? Anna Wintour, die langjährige »Vogue«-Chefin, steht jeden Tag um fünf Uhr auf und spielt eine Runde Tennis, bevor sie sich mit der Modeelite herumschlägt. Der Schauspieler Richard Simmons hat folgendes Ritual: »Wenn ich morgens aufstehe, dann ist es, als würde sich der Theatervorhang heben. Ich wirble im Zimmer herum, bedanke mich für den schönen Tag, strubble mir durch die Haare und rufe laut: Auf geht's, Richard!« Trelise Cooper, eine von Neuseelands einflussreichsten Modedesignerinnen, die fünfundsiebzig Angestellte hat, versammelt ihr Team um neun Uhr fünfzehn. Sie zünden Kerzen und Räucherstäbchen an und hören fünf Minuten lang Musik und Textpassagen aus inspirierenden Büchern, um sich auf den Tag einzustimmen. Du kannst die Morgenstunden so geordnet, kreativ oder ausgefallen beginnen, wie du möchtest. Hauptsache, es gefällt dir und setzt gewissermaßen die Stimmung für den restlichen Tag.

Die meisten von uns folgen einer täglichen Routine. Das ist gut so, wenn es dir hilft, produktiver und strukturierter zu sein. Leider können Routinen auch furchtbar langweilig sein. Wie findest du deinen Alltag momentan? Fühlt er sich gut an oder könntest du ruhig mal eine Auflockerung gebrauchen? Viele Leute stolpern nach dem Aufstehen mehr oder weniger in den Tag hinein, sie sitzen acht Stunden in einem Büro, essen Abendbrot, schauen fern und schlafen irgendwann dabei ein. Das ist doch kein Leben! Wo ist denn da die Magie?

Hier sind einige Tipps, die du ausprobieren, weiterentwickeln oder ausbauen kannst.

♥ Betrachte die Mittagspause als Event und nicht als lästige Pflicht. Statt durchzuarbeiten kannst du Freunde treffen, spazieren gehen oder irgendetwas unternehmen, das dich glücklich macht.

♥ Schmeiße jeden Monat eine grandiose Party. Jeder Gast soll eine Kleinigkeit mitbringen, dann kostet es nicht so viel!

- Wirf dich ein paar Mal pro Woche richtig in Schale. Gut angezogen, gepflegt und frisiert fühlst du dich gleich viel wohler in deiner Haut – und das wiederum wirkt sich positiv auf deinen Tag aus. Es wird dir außerdem mehr Sicherheit geben, um neue Sachen auszuprobieren. Der extra Aufwand lohnt sich also!
- Plane einen tollen Urlaub, einen Kurztrip oder ein paar kleinere Ausflüge, damit du etwas hast, worauf du dich so richtig freuen kannst.
- Melde dich zu einem Kurs für etwas an, das dich fasziniert und das du schon immer mal lernen wolltest.
- Benutze ab jetzt herzförmige Post-its!
- Besorge dir Luftballons, die zu deinem Outfit passen.
- Singe deinen Zimmerpflanzen etwas vor.
- Ändere den Spruch auf deinem Anrufbeantworter in etwas Albernes, Lustiges oder total Abgefahrenes!
- Wenn du dich das nächste Mal auf einer Party unwohl fühlst, weil du glaubst, nicht gut genug auszusehen, zu tanzen oder nicht cool genug zu sein, dann mache eine Pause. Stelle dich in eine Ecke und trinke ein bisschen Wasser, beobachte das Geschehen um dich herum eine Weile und triff dann die Entscheidung, zu dir und dem, was du tust, zu stehen. Sage dir ganz bewusst: Ich bin sexy, umwerfend, cool und glamourös. Und: Ich bin eine super Tänzerin und werde jetzt jede Menge Spaß haben! Oder: Ich bin die Königin (oder der König) der Nacht und alle anderen sind meine Untergebenen, die zu meinem Vergnügen mittanzen. Stelle dir vor, du trägst eine Krone (oder du setzt tatsächlich eine auf, wenn dir danach ist). Versuche nicht zwanghaft, auf eine bestimmte Weise zu tanzen: Sei einfach du selbst. Beanspruche deinen Raum auf der Tanzfläche, schüttle dein Haar, drehe dich im Kreis und sei ganz bewusst in dem Moment. Mache alles aus vollem Herzen. Wenn du so tust, als sei das selbstverständlich, hast du sofort mehr Spaß und die Reaktionen der Leute spiegeln

das auch wider. Schließlich gibt es kaum etwas Anziehenderes als einen selbstsicheren Menschen, der auf der Tanzfläche Spaß hat.

♥ Unternimm einen Ausflug in deiner Stadt.

♥ Stehe super früh auf und fotografiere den Sonnenaufgang. Der Bonus daran: Wenn du zeitig aus den Federn springst, kannst du alles Mögliche erledigen, bevor der Tag überhaupt angefangen hat.

♥ Tanze im Fahrstuhl!

♥ Übe dich darin, ein besserer Küsser zu werden.

♥ Stelle eine Hyazinthe auf deinen Schreibtisch. Ein taoistisches Sprichwort besagt: Wenn du alles verlierst bis auf zwei Münzen, dann solltest du mit der einen Münze Brot kaufen, um deinen Körper zu nähren, und mit der anderen eine Hyazinthe, um deine Seele zu laben. Die Hyazinthe ist das Symbol für Aufrichtigkeit und außerdem ein schönes Detail, das man gern um sich hat.

♥ Schreibe deine E-Mails in Reimen.

♥ Backe Cupcakes um drei Uhr morgens.

♥ Besorge dir eine Seifenblasenpistole.

♥ Ziehe einen Paillettenbikini unter deinen Sachen an. Es braucht ja niemand außer dir zu wissen, dass du zwei glitzernde Schätze hast.

♥ Höre dir Schlaflieder an, wenn du ins Bett gehst.

♥ Verabrede dich zu einem Date um Mitternacht.

♥ Sprühe silbernes Glanzspray in dein Haar. Es macht Spaß, die Dinge völlig zu übertreiben und auszusehen wie nach einer Feenorgie.

Du wirst schon bald merken, dass selbst die kleinsten Veränderungen in deinem Tagesablauf große Auswirkungen haben. Es geht darum, aus dem ewig gleichen Rhythmus auszubrechen und etwas Neues auszuprobieren. Schon Kleinigkeiten zu ändern, sei es den Weg, den du zur Arbeit nimmst oder das Lokal, wo du

Mittagpause machst, kann zu unerwartet freudigen Überraschungen führen – und das an einem Tag, der ansonsten vielleicht nur mittelmäßig und »so wie immer« gewesen wäre.

✳ ✳ ✳

SEI GUT ZU DIR

Fühlst du dich manchmal schuldig oder sagst schlechte Dinge über dich? Fällt es dir schwer, Komplimente oder ein Lob annehmen oder zu machen? Bist du manchmal eifersüchtig auf andere? Kannst du Zuneigung nur schwer zulassen und zeigen? Kritisierst du andere oft oder vergleichst dich mit ihnen? Fühlst du dich dauernd krank? Nimmst du deine eigenen Bedürfnisse nicht ernst? Traust du dich nicht, um etwas zu bitten und tust lieber so, als wäre es dir egal? Wie viele dieser Fragen hast du mit »Ja« beantwortet? Selbst wenn du nur einmal »Ja« gesagt hast, kannst du auf jeden Fall eine Dosis Radikale Selbstliebe gebrauchen.

Unser persönliches Glückslevel reflektiert, wie wir über uns selbst denken. Radikale Selbstliebe ist die Grundbedingung dafür, sich gut zu fühlen. Wenn du diese Liebe nicht spürst, dann fällt auch alles andere in sich zusammen.

♥ Sage anderen Menschen, wie du behandelt werden möchtest. Es ist ganz einfach: Wenn du andere und dich selbst gut behandelst, werden das die Leute merken und es dir widerspiegeln. Auf diese Weise kannst du auch lernen, andere um etwas zu bitten.

♥ Lerne, Komplimente anzunehmen. »Du bist schön. Du bist intelligent. Du bist wunderbar« – auch wenn sich das anfangs komisch anhört, sage einfach: »Danke!«

♥ Fange an, mit Hingabe Komplimente zu verteilen. Nett zu anderen zu sein ist der beste Weg, um sich selbst besser zu

56

fühlen – und du hast damit gleichzeitig jemand anderen glücklich gemacht.

♥ Lerne, Freude ohne Schuldgefühle zu empfinden. Es kann dauern, bis das klappt, aber es ist die Mühe wert, daran zu arbeiten.

♥ Sprich gut über dich selbst. Es gibt dazu eine treffende Redewendung: »Wenn man nichts Nettes zu sagen hat, sollte man lieber gar nichts sagen.«

♥ Sei gut zu deinem Körper. Gesundes Essen, Bewegung, Körperpflege, schöne Klamotten – das alles macht glücklich.

♥ Denke immer daran: Was du TUST, ist nicht, wer du BIST. Jeder macht Fehler, also strapaziere dein Selbstwertgefühl nicht unnötig, indem du dich zu lange damit aufhältst, wenn etwas nicht klappt.

♥ Verbringe Zeit mit Leuten, bei denen du dich wohl fühlst.

♥ Lobe dich selbst, wenn dir etwas gelingt. Das hilft dir dabei, dich nicht zu abhängig von der Anerkennung durch andere zu machen.

♥ Arbeite mit Affirmationen.

♥ Stelle dir immer wieder vor, wie du sein möchtest. Dann wirst du dich schon bald in diese Richtung bewegen und zu diesem Menschen werden. Das klingt zu einfach, um wahr zu sein? Dann probier's aus, es funktioniert wunderbar.

MIT SPRACHE NEUE WIRKLICHKEITEN ERSCHAFFEN

Worte erschaffen unsere Wirklichkeit. Das ist ein unbestreitbarer Fakt. Und genau deshalb sollten wir uns darauf konzentrieren, Sachen zu sagen, die uns bestärken und ermutigen statt uns runterziehen. Wir können positive Worte benutzen, anderen und

57

uns selbst Komplimente machen, über die Schönheit der Welt sprechen und darüber, wie dankbar wir sind, solche guten Erfahrungen zu machen. Oder wir benutzen negative Worte, kritisieren andere, reden uns selbst ein, dass wir nichts wert sind und gar nichts Schönes verdienen, regen uns über alles Mögliche auf und jammern bei jeder Gelegenheit herum. Es gehört nicht viel dazu, zu erkennen, dass letzteres nicht gerade dazu beiträgt, sich in irgendeiner Weise besser zu fühlen.

Jeder glückliche Gedanke bringt etwas Positives in dein Leben, während die negativen das Gute einfach vergraulen. Das ist eine echte Aufgabe: Viele Menschen werden anfangs fast verrückt, wenn sie sich die Gedanken, die ihnen den ganzen Tag im Kopf rumschwirren, bewusst machen.

Aber keine Sorge! Es ist ganz normal, erst einmal zu denken: »Oh Gott, Scheiße, ich hab sooo viele negative Gedanken und sooo wenig gute – dieses Verhältnis kann ich nieee umkehren!« Die gute Nachricht ist, dass positive Gedanken viel stärker sind als schlechte. Selbst wenn du dein ganzes Leben bisher eher negativ eingestellt warst, ist das okay. Jetzt kannst du anfangen, glückliche, aufregende und wunderbare Gedanken in deinen Alltag zu bringen – und einen Wandel zum Guten herbeiführen!

Eine Sache gibt es noch zu bedenken: Wenn du über ein Problem redest, dann gießt du Wasser auf dessen Wurzeln. Es wird größer und allgegenwärtig. Damit will ich nicht sagen, dass wir Probleme verleugnen sollen. Nur dauernd darüber nachzudenken ist extrem kontraproduktiv. Manche Menschen können sich jahrelang über Dinge aufregen, ohne irgendetwas dagegen zu unternehmen. Wieder andere heulen sich bei Leuten über ihre Probleme aus, obwohl die rein gar nichts daran ändern können. Wir beklagen uns beispielsweise bei unserem Freund über unseren Chef und bei unserer besten Freundin über unseren Freund ...

Dabei wäre es doch viel sinnvoller, mit den Leuten zu reden, die an der Sache beteiligt sind. Letztlich ist der Schlüssel zur Lösung, zu handeln und dabei positiv eingestellt zu bleiben. Was soll passieren? Stell dir das vor und handle proaktiv danach. Dann wirst du unglaubliche Ergebnisse erzielen. Auch wenn es viel leichter ist, sich hängen zu lassen und den eigenen Ängsten nachzugeben – es bringt leider nichts. Erinnere dich einfach immer daran, dass du die Wahl hast zwischen positiven und negativen Gedanken. Also, Kopf hoch und optimistisch bleiben!

Worte schleichen sich in unser Unterbewusstsein und bilden die Basis für die Geschichten, die wir uns selbst erzählen. Sei achtsam und wählerisch mit dem, was du sagst, und du wirst feststellen, dass es einige Worte gibt, auf die man ganz verzichten kann. Das Wort »versuchen« regt mich zum Beispiel ziemlich auf, weil es zeigt, dass wir nicht wirklich die Kontrolle haben. Wenn wir sagen, dass wir versuchen, pünktlich zu sein oder versuchen, eine gute Arbeit abzuliefern, dann bedeutet das doch noch gar nichts. Tja, vielleicht schaffen wir's, vielleicht aber auch nicht. Warum sagen wir es also überhaupt? Würden wir das Wort »versuchen« aus unserem Wortschatz verbannen, wäre unser Leben wesentlich zielgerichteter. Fühlt es sich nicht unendlich viel besser an, zu sagen »ich werde pünktlich sein« oder »ich werde eine gute Arbeit abliefern«? Dadurch fühlen wir uns nicht nur stärker, wir senden unserem Gehirn damit auch eine klare Erfolgsbotschaft.

Ein weitere Wortkombination, die in diese Kategorie fällt, ist »kann nicht«. Das sagt doch bereits aus, dass da ein Hindernis ist. Dabei werden die meisten Hindernisse von unserem Geist produziert. Wie wäre es, das »kann nicht« mit »will nicht« zu ersetzen? Das ist zumindest ehrlicher. Du könntest also einfach sagen »ich will nicht putzen« statt »ich kann nicht putzen«.

Du verstehst, was ich meine!

Affirmationen, also kurze lebensbejahende Sätze, sind eine weitere Möglichkeit, um dein Denken positiv zu verändern und Großartiges anzuziehen. Besonders stark wirken zum Beispiel Sätze, die ausdrücken, was wir wollen, und gerade NICHT,

59

was wir nicht wollen. Wie schon gesagt: Wir ziehen das an, woran wir am meisten denken! Wir verdanken es der Autorin Louise L. Hay, die mit ihren Büchern dieses kraftvolle Werkzeug einem breiten Publikum bekannt gemacht hat. Meine Mutter benutzte viele Jahre lang Affirmationen – und hatte damit sehr viel Erfolg. Als ich vor einigen Jahren in einem ziemlichen Tief steckte, schickte sie mir eine E-Mail voller Affirmationen. Ich habe sie ausgedruckt und an die Wand neben meinem Bett geklebt. Damals war ich allerdings zu ausgepowert und zynisch, als dass ich die positiven Sätze laut ausgesprochen hätte. Aber ich habe sie jeden Morgen und jeden Abend gelesen und nach und nach verinnerlicht. Die Affirmationen haben mir dabei geholfen, an einen Punkt zu gelangen, an dem ich bereit für Veränderungen war.

Meine Lieblingssatz der Affirmations-Queen Louise Hay lautet: »Ich bin offen und empfänglich für alles Gute!« Sag dir das einfach mal laut vor. Oh ja, das fühlt sich doch großartig an, oder?

Es gibt einen Trick, um kraftvolle Affirmationen zu kreieren. So sehr wir auch glauben, dass wir vom Verstand regiert sind – dem ist nicht so. Wir werden, und das ist nun mal so, von unseren Emotionen gesteuert. Es bringt überhaupt nichts, sich vorzusagen »Ich bin eine berühmte Schauspielerin!«, wenn die Stimme in deinem Kopf dazwischenquatscht: »Ich bin eine Versagerin, wie soll ich nur die ganzen Rechnungen bezahlen?« Was du in deinem Inneren fühlst, wird sich auch nach außen durchsetzen.

Um dieses Problem zu umgehen, solltest du keine Affirmationen benutzen, die dir wie eine Lüge vorkommen. Sage etwas, das sich in dem Moment richtig anfühlt, wie etwa: »Ich entdecke gerade den Superstar in mir«, »Aus mir wird gerade etwas«, »Ich begreife gerade einiges«. Solche Sätze gehen dir nicht nur leichter über die Lippen, sie sind auch glaubhafter und du kannst sie wesentlich besser verinnerlichen.

60

Am besten fängst du mit einer der unten stehenden Affirmationen an. Und wenn du etwas mehr Übung hast, kannst du eigene formulieren. Schreibe sie auf ein Blatt Papier, damit du sie immer bei dir tragen kannst oder hänge sie an einem Platz bei dir zu Hause auf, wo du sie ständig siehst. Wann immer du auf das Blatt mit der Affirmation schaust, sprich sie laut und mit Hingabe aus. Du musst es wirklich ernst damit meinen. Wiederholung ist ebenfalls wichtig, damit die Worte ins Unterbewusstsein einsickern und dort ihre positive Wirkung entfalten können.

Sage dir die Affirmationen immer wieder vor – so oft du daran denkst. Binde sie in deinen Alltag ein: wenn du morgens Make-up auflegst, Sport machst oder mit dem Hund rausgehst. Mache sie zu einem Teil deines Lebens. Wenn sie dir wie Atmen und Essen in Fleisch und Blut übergegangen sind, wirst du wunderbare Ergebnisse erzielen. Das Wichtigste ist, dass du für die Affirmationen Wörter benutzt, die positive Gefühle erzeugen. Oder um es spirituell auszudrücken: Das Universum spricht kein Deutsch, es versteht aber unsere Gefühle. Also, was immer du sagst, Hauptsache du fühlst es in deinem Inneren auch so. Solltest du gerade dabei sein, den Superstar in dir zu entdecken, wie fühlst du dich dann? Auf Wolke sieben, glücklich, selbstsicher, voller Energie? Konzentriere dich auf diese Gefühle, wenn du deine Affirmationen sprichst. Erlaube ihnen, dich aufzubauen, dich stark zu machen, als würdest du innerlich glühen. Je stärker du diese Gefühle erlebst, desto schneller werden sich die Ergebnisse einstellen, nach denen du dich sehnst.

Du kannst Affirmationen in allen Bereiche deines Lebens einsetzen: Liebe, Wohlstand, Gesundheit, Karriere, Kreativität oder Selbstwertgefühl. Hier sind einige Beispielesätze, die dir vielleicht weiterhelfen:

♥ Ich liebe dich. (Das sagst du am besten vor dem Spiegel!)
♥ Ich finde eine Arbeit, die mich erfüllt.

- Ich entdecke überall Liebe, und Freude erfüllt mein Leben.
- Ich verdiene jetzt Liebe, Romantik und aufregende Zeiten.
- Ich bin in einer glücklichen Beziehung mit jemandem, der mich wirklich liebt.
- Ich bin sehr dankbar für all die Liebe in meinem Leben.
- Ich kann es schaffen!
- Ich entdecke neue Wege, um meine Gesundheit zu verbessern.
- Ich respektiere mich.
- Ich sorge jetzt gut für meinen Körper.
- Ich bringe meinen Körper in einen optimalen Gesundheitszustand, indem ich ihm auf allen Ebenen gebe, was er braucht.
- Ich werde zu jeder Zeit von himmlischen Kräften beschützt und geleitet.
- Ich nutze meine innere Kraft voll aus.
- Ich beschenke mich selbst damit, mich von der Vergangenheit zu befreien.
- Ich bin bereit, geheilt zu werden.
- So wie ich mir vergebe, wird es auch leichter, anderen zu vergeben.
- Ich vergebe mir selbst dafür, nicht perfekt zu sein. Ich lebe in der bestmöglichen Weise, so gut ich es jetzt kann.
- Ich entdecke, wie ich erfolgreich werde.
- Ich werde zutiefst wertgeschätzt.
- Ich bin jetzt bereit, mich für den Reichtum des Universums zu öffnen.
- Jeder Tag hält wunderbare neue Überraschungen für mich bereit!
- Ich erkenne, dass ich das Beste verdiene.
- Ich lasse alles, was mich hemmt, los und schöpfe meine Kreativität voll aus.
- Mein Potenzial ist grenzenlos.
- Ideen fliegen mir leicht und unbeschwert zu.

Sollte es dir schwerfallen, diese Affirmationen zu sagen, weil du dir zum Beispiel lächerlich vorkommst, dann stelle dir vor, wie jemand, den du liebst, diese Sätze zu dir sagt. Das fühlt sich weniger peinlich an und erleichtert dir den Anfang.

Sei ab jetzt achtsam mit dem, was du zu dir selbst und zu anderen sagst. Deine Worte haben mehr Kraft und Einfluss als du dir jetzt vielleicht vorstellen magst!

UMGIB DICH MIT POSITIVEN MENSCHEN

Du wirst auf deiner Reise zur Radikalen Selbstliebe schon bald merken, dass du dich entwickelst. Und dann passen manche Menschen, die dich lange begleitet haben, vielleicht nicht mehr richtig zu dir. Das liegt daran, dass du andere Prioritäten gesetzt hast. Weil du dich jetzt auf dein Glück fokussierst, veränderst du dich – und das gefällt manchen Leuten vielleicht nicht. Die meisten deiner Freunde und Familienmitglieder unterstützen dich bestimmt in diesem Prozess, aber einige werden es nicht tun und das kann wehtun. Es lässt sich schwer vorhersagen, wer sich über deine Veränderung freut und wer nicht. Du wirst möglicherweise überrascht sein, wer zu dir steht, aber auch das gehört zu diesem Veränderungsprozess dazu. Selbst wenn das anfangs schmerzhaft sein mag, ist es wichtig und gut, dass sich deine Freundschaften wie alles im Leben weiterentwickeln. Wenn etwas zu Ende geht, entsteht Platz für Neues.

Es ist ganz normal, dass sich die Beziehung zu den Menschen, die deine Freude und deinen Optimismus nicht teilen, verändert. Ihr werdet euch nicht mehr so häufig treffen – und wenn, wirkt die Begegnung vielleicht aufgesetzt oder ihr habt euch nichts mehr zu sagen. Obwohl sich das komisch oder ungewohnt anfühlt, ist das völlig normal und gehört dazu, wenn du dein Leben bereichern willst. Wo sich eine Tür schließt, geht eine andere auf. Sobald sich manche Freunde verabschieden, wirst du neue anziehen, die besser zu dir passen. Du wirst Leute treffen, die motivierter, positiver, begeisterungsfähiger und einfach strahlender sind. Gleiches zieht Gleiches an!

Als ich an einem Tiefpunkt in meinem Leben war, habe ich nur Leute angezogen, die sich auch elend gefühlt haben. Dann waren wir zusammen traurig, frustriert und wütend. Das war okay, weil wir es nicht besser wussten. Es hat sogar irgendwie Spaß gemacht. Doch als ich mich weiterentwickelte und entschied, glücklich zu sein und ein für alle Mal mein Leben in den Griff zu bekommen, blieben all diese Freundschaften auf der Strecke. Wir hatten plötzlich überhaupt keine gemeinsamen Interessen mehr. Aber das war in Ordnung. Denn von dem Moment an lernte ich neue Leute kennen, die mich inspirierten, ermutigten und mir ein richtig gutes Gefühl gaben.

Leider gibt es überall negativ eingestellte Menschen. Meist kann man sie leicht erkennen: Sie sind gemein, gewalttätig, grob und zornig. Aber manchmal ist es gar nicht so leicht, sie auszumachen und du merkst es nicht sofort. Vielleicht jammern und beschweren sie sich über alles. Vielleicht entmutigen sie dich bei etwas Gutem, das du dir vorgenommen hast. Oder ihre negative Einstellung färbt sich auf deine Stimmung ab, sodass du dich ebenfalls schlecht fühlst.

Die Menschen lassen sich im allgemeinen in zwei Gruppen einteilen: Mit den einen fühlst du dich gut und mit den anderen schlecht. Halte diejenigen, deren Gesellschaft du genießt, mit beiden Händen fest und lasse die anderen, bei denen das nicht so ist, gehen. Du brauchst sie nicht!

Niemand hat einfach so das Recht auf einen Platz in deinem Leben: Du wählst aus und du entscheidest. Warum sich mit jemandem abgeben, der nur Chaos veranstaltet? Du hast ja bestimmt selbst schon die Erfahrung gemacht, dass jeder von uns ganz gut alleine für Unordnung sorgen kann. Dabei brauchen wir wirklich keine Unterstützung.

Eines habe ich im Laufe der Jahre gelernt: Man kann Menschen nicht verändern. Man kann nur die Art ändern, wie man ihnen begegnet. Wenn dein Chef fies oder deine Schwester gemein ist, kannst du, statt in die gleichen alten Muster zu verfallen, einfach mal anders reagieren. Das wird sie völlig aus dem Konzept bringen und die Dynamik zwischen euch komplett verändern. Wenn du mir nicht glaubst, probier's aus!

Manchmal kann man sich der negativen Leute schwer erwehren, das gilt auch für Familienmitglieder. Es tut weh zu erkennen, dass man nicht so unterstützt wird, wie man es sich gewünscht hätte. Und es macht uns zu schaffen, wenn Vater, Mutter, Schwester, Bruder, Tante oder Onkel nicht an einem Strang ziehen und sich für dich freuen können.

Eine Familie zu haben, ist wichtig, klar. Aber wenn die Leute den Begriff »Familie« missbrauchen, um sich gegenseitig schlecht zu behandeln, was ist eine Familie dann noch wert? Ich habe viele Freunde, die sich von ihrer Familie abgewendet und eine neue gegründet haben – sie haben geheiratet, Kinder adoptiert oder sich mit Menschen umgeben, die sie wirklich lieben und wertschätzen. Sie wirken jetzt viel glücklicher und ruhen viel mehr in sich als andere.

Das heißt natürlich nicht, dass du deine Mutter aus irgendwelchen banalen Gründen aus deinem Leben ausschließen sollst. Wenn sie aber einfach nicht aufhören kann, negativ und destruktiv zu sein, dann kommst du vielleicht zu dem Schluss, dass dein Leben ohne sie besser ist. Und das gilt doppelt und dreifach, wenn es in deiner Familie irgendeine Form von Missbrauch gibt. So einen Mist brauchst du nicht.

Es gibt keine Zauberformel und auch kein Patentrezept dafür, wie man den Kontakt zu einem Familienmitglied aufgibt. Jede Familie, jeder Mensch ist anders. Aber wenn es das ist, was du willst, dann behalte immer im Blick: Wie soll die Sache ausgehen? Sobald du dir diese Frage beantwortet hast, weißt du auch,

65

welche Schritte du als nächstes gehen musst. Das bedeutet natürlich nicht, dass dieser Prozess einfach wird. Aber hast du die alte Verbindung erst mal gekappt, wirst du spüren, wie du wieder Kontrolle über dein Leben erlangst.

Es tut oft viel mehr weh, wenn ein Familienmitglied einem gemeine Sachen an den Kopf wirft, als wenn ein Fremder das tut. Sei stark! Alles, was zählt, ist, wie du über dich selbst denkst. Sage dir das immer und immer wieder – dann fängt es an, wahr zu werden.

❋ ❋ ❋

LASS DICH NICHT FERTIGMACHEN

Andere Menschen haben immer eine Meinung dazu, wie du dein Leben führen sollst. Manche dieser Meinungen sind positiv und wertschätzend, andere einfach negativ oder schlichtweg bösartig. So ist das Leben. Egal, wie viel Liebe du dir selbst gibst oder aussendest, es gibt immer Leute da draußen, die eine Meinung zu dem haben, wie du bist und was du tust. Und es werden sich sogar ein paar auserwählte Exemplare finden, die dir dringend und ungefragt mitteilen müssen, was sie von dir halten. Als ob das etwas ändern würde!

Meistens gelingt es uns, solche »Ansichten« mit einem Lächeln vom Tisch zu wischen. 99 Prozent davon sind ja sowieso eher lächerlich. Manchmal aber machen sie uns traurig oder sie ärgern uns, sodass wir am liebsten an die Decke gehen würden.

Warum fällt es uns so schwer, Komplimente anzunehmen? Und so leicht, Kritik für bare Münze zu nehmen? Ein Kompliment behalten wir nur wenige Minuten im Kopf, während wir uns an irgendwelche Beleidigungen über JAHRE erinnern! Leider ist unser Gehirn so gestrickt, sich das Negative viel besser zu merken. Dabei wären wir viel glücklicher, diese Sachen einfach loszulassen. Darauf sollten wir hinarbeiten.

Warum nimmst du die Meinung anderer ernster als deine eigene? Warum wiegt ihre Meinung schwerer als deine? Das ist total unlogisch, schließlich stecken die anderen nicht in deiner Haut. Du ganz allein lebst dein Leben. Stelle dir das mal anders herum vor: Wenn du Angelina Jolie erzählst, dass sie eine furchtbare Schauspielerin ist, glaubst du, dass sie das kalt lässt? Oder dass sie deswegen in eine Glaubenskrise fällt? Ich glaube, sie würde mit einem Lächeln auf den Lippen und völlig unbeeindruckt von dem, was du gesagt hast, weggehen.

Es kann Jahre dauern, bis wir nicht mehr auf das achten, was andere über uns sagen oder denken. Je älter du wirst, desto weniger wirst du darüber nachdenken. Angeblich soll man sich mit Mitte 30 wesentlich wohler in der eigenen Haut fühlen und weniger darauf geben, was andere sagen. Aber was, wenn du erst 14 bist und das, was deine Mitschüler über dich sagen, dir dein ganzes Leben zu versauen scheint? Nun, bei allem, was normalerweise »Jahre« dauert, benutze ich die Tapping-Methode, um den Prozess zu beschleunigen. (Nichts muss jahrelang dauern, wenn du das nicht willst.)

Wir wollen alle gemocht werden, deshalb tut es weh, wenn es manche Leute auf uns abgesehen haben. Neben dem Klopfen kannst du auch üben, dich dagegen zu entscheiden, dass dich die Meinung anderer bedrückt. Konzentriere dich lieber auf dich selbst.

Du darfst es nicht zulassen, dass andere das Gute in dir kaputt machen. Entscheide dich dafür, dass du das niemals erlaubst. Hätten alle großartigen Leute da draußen auf ihre Kritiker gehört – und deren Ratschläge befolgt –, wäre die Welt ganz sicher nicht so herrlich, wild und vielseitig wie sie ist. Der Motivationslehrer und Bestsellerautor Dale Carnegie hat einmal gesagt, dass ungerechtfertigte Kritik ein verstecktes Kompliment sei. Schließlich bist du interessant genug, dass du jemand eifersüchtig oder neidisch gemacht hast. Niemand tritt einen toten Hund, so Carnegie. Behalte das im Kopf, wenn du das nächste Mal kritisiert wirst.

❋ ❋ ❋

WIE DU DIR GRANDIOSE ZIELE SETZT

Einfach ausgedrückt: Das Glück geht dir aus dem Weg, wenn du dir keine Ziele setzt. Du musst wissen, wohin du möchtest und was du mit deinem Leben anfangen willst. Sich Ziele zu setzen ist ein wichtiges Tool, weil du auf diese Weise eine Art Landkarte erstellst, die dir die Richtung weist. Denn ohne Richtung kommst du vom Kurs ab.

Ich habe von meinem Vater gelernt, mir Ziele zu setzen. Das war eine der wertvollsten Lektionen, die er mir je beigebracht hat. Hier sind einige meiner Top-Tipps:

❤ *Think big.* Immer groß denken. Wenn du nicht weißt, wo du anfangen sollst oder einfach kein klares Ziel vor Augen hast, dann nimm eine Auszeit und lasse deine Gedanken einfach fließen. Erlaube dir, zu träumen. Lasse es dir gut gehen und gib dich deiner Vorstellungskraft hin: Nach was für einer Art Leben hast dich immer schon gesehnt? Entspricht es dir mehr, in einer Hippie-Kommune in San Francisco zu leben oder in einem Reihenhaus in New York? Möchtest du gern ein Freiwilliges Soziales Jahr in Indien machen oder eine Flotte von Kreuzfahrtschiffen besitzen? Wolltest du vielleicht immer davonlaufen und zum Zirkus gehen? Oder eine Suppenküche eröffnen, wo die Menschen lecker und günstig essen? Wie würde dein Leben aussehen? Stelle dir deine Zukunft ganz genau vor, so als wäre sie schon da: Fährst du Moped oder Auto? Sieht dein Schlafzimmer eher opulent aus wie ein ma-

68

rokkanisches Refugium oder minimalistisch wie ein Zen-Kloster? Hast du einen Ehemann, einen Freund, eine Frau, einen Lover, einen ganzen Harem oder bist du allein? Hast du Haustiere? Wie oft kommen Freunde zu Besuch? Wie sind deine Freunde: witzig, nett, gemütlich, quirlig? Am besten schreibst du all deine Ideen auf, und zwar ohne zu bewerten. Nur weil du etwas schwarz auf weiß festhältst, heißt das nicht, dass du es sofort anpacken musst. Das sind einfach nur Optionen. Hast du ein paar Ideen gesammelt, kannst du diejenigen einkreisen, die dir einen richtigen Kick geben.

♥ Woher weißt du, wann du erfolgreich bist? Am klarsten definierst du ein Ziel, indem du formulierst, wo du an welchem Zeitpunkt stehen und wie viel du bis zu einem bestimmten Zeitpunkt erreicht haben willst. »Berühmt werden« ist kein reales Ziel, weil es sich nicht wirklich messen lässt. »Ich will 2020 auf dem Cover des Musikmagazins ›Rolling Stone‹ sein«, hingegen ist ein klares und messbares Ziel. Spätestens am 31. Dezember 2020 weißt du, ob es geklappt hat. Also, formuliere ein Ziel sowie einen Zeitrahmen und lege den Grundstein für deine Zukunft.

♥ Setze dir Ziele, die dir ein bisschen Angst machen! Wenn du dir etwas Langweiliges vornimmst, wird auch dein Leben eintönig sein. Nach Zielen sollte man sich etwas strecken müssen, sie sollten dich etwas nervös machen. Was lässt dein Herz so stark schlagen, dass es dir fast in die Hosen rutscht? Was versetzt dich schon beim Aufschreiben in Aufruhr? Wie wäre es zum Beispiel mit: »Bis November nach Australien auswandern« oder »Innerhalb der nächsten zwei Jahre meinen eigenen Laden aufmachen und den langweiligen Job hinschmeißen.« ANGST! BIBBER! ZITTER! Ein solches Ziel macht sich in deinem Kopf breit, es bringt dich erst in Wallung, dann in Bewegung – und wird schließlich wahr. Umso besser.

♥ Schreibe deine Ziele auf. So lange du das nicht tust, bleiben sie nur irgendwelche Ideen, die du schnell wieder vergisst.

Aufgeschrieben kannst du sie immer wieder hervorholen, lesen und dich an dein Vorhaben erinnern. Schnappe dir ein Blatt Papier, male deine Ziele dick und fett auf und hänge das Werk an die Wand. Du kannst das wichtigste Ziel auch auf einen kleinen Zettel schreiben und ihn in dein Portemonnaie stecken. So siehst du ihn jedes Mal, wenn du etwas bezahlen musst. Je öfter du dich an deine Ziele erinnerst, desto besser.

♥ Unterteile deine Ziele in kleinere Etappen. Als Olympiateilnehmer kommst du ja auch nicht einfach zu einem Wettkampf und hoffst, dass du dich qualifizierst. Jahre harten Trainings stehen davor. Willst du beispielweise ein Buch schreiben, solltest du erst ein Thema festlegen, eine Stoffsammlung und Gliederung machen, schreiben und verbessern, einen Lektor finden, einen Layouter um Hilfe bitten und so weiter. Denke in Etappen, das bringt dich deinem Ziel Schritt für Schritt näher, weil sie nicht mehr so riesig und unerreichbar erscheinen. Am besten schreibst du jedes Teilziel auf ein neues Blatt. Halte jeden einzelnen Schritt genau fest. Und sobald du etwas erledigt hast, setzt du einen Haken dran oder streicht den Zettel durch. Um den weiten Weg durchzuhalten ist es übrigens auch wichtig, die kleinen Etappenerfolge zu feiern.

♥ Visualisiere so genau und bildhaft wie möglich, was du erreichen willst. Nehmen wir noch einmal das Beispiel mit dem »Rolling Stone«-Cover: Warum nicht eine Collage der Aufmacherseite mit deinem Gesicht drauf basteln? Oder wenn du gerne mal nach New York möchtest, dann schneide ein Bild von dir aus und klebe es auf ein Poster vom Central Park. Taataa! Oder du scannst das Bild ein und benutzt es als Bildschirmschoner. So siehst du es jeden Tag. Ich habe gehört, dass es Leute gibt, die sich selbst Schecks über eine Million Dollar ausstellen und sie übers Bett hängen – und es funktioniert!

♥ Tue so, »als ob«. Auch wenn es verrückt klingt: Manchmal ist es zielführend, so zu tun, als hätte man Dinge, die man erreichen will, schon geschafft. Nehmen wir mal an, du willst eines Tages eine erfolgreiche Verlegerin sein. Inwieweit wäre dein Leben anders, wenn du dein Ziel erreicht hättest (mal abgesehen von den finanziellen Aspekten wie einem großen Auto, einem tollen Büro oder einer schönen Wohnung)? Wie würdest du dich verhalten als große Verlegerin? Die Chancen stehen gut, dass sich deine gesamte Körperhaltung verändert. Vermutlich würdest du nicht in Jogginghosen zu Hause rumhängen, sondern morgens früh aufstehen, um Sport zu treiben und kraftvoll in den Tag zu starten. Du würdest dich wohlfühlen mit deinem Erfolg und keine Angst vor anderen Leuten haben. Du würdest tun, was du dir vornimmst und anderen Leuten sagen, wenn ihre Arbeit nicht deinen Erwartungen entspricht. Du wärst höflich und charmant, charismatisch und glücklich. Und du würdest anderen sehr gerne einen Gefallen tun. Warum fängst du nicht heute schon damit an, so zu sein? Damit bringst du zum Ausdruck, dass du es ernst meinst mit deinem Ziel. Auf diese Weise ziehst du die richtigen Leute und Gelegenheiten an, um deine Träume Wirklichkeit werden zu lassen.

♥ Fürchte dich nicht vor Hindernissen, denn sie sind unausweichlich, wenn du etwas erreichen willst. Die Welt ist nicht gegen dich. Statt dich über Schwierigkeiten zu ärgern oder dich davon runterziehen zu lassen, kannst du die Dinge eher als Test betrachten, wie es um deine Passion und Motivation bestellt ist. Überwinde deinen inneren Schweinehund und beweise dir, dass du dein Ziel erreichen willst, dass du »hungrig« bist. Es wird immer Dinge geben, die nicht klappen oder Leute, die deine Vision nicht teilen. Das macht nichts, solange du auf Kurs bleibst. Denke an Menschen, die Großartiges erreicht haben: Wie ist ihnen das gelungen? Sicher nicht, indem sie sich lange mit Schwierigkeiten aufgehalten haben. Sie haben die Hindernisse überwunden und weitergemacht.

♥ Bitte um Hilfe und beobachte die Menschen um dich herum. Schaue dir von ihnen ab, wie sie vorgehen und bitte sie um Hilfe, wenn du nicht weiterweißt. Die meisten Menschen tun anderen gerne einen Gefallen, wenn sie merken, dass du das zu würdigen weißt. Zeige ihnen offen deine Wertschätzung, lade sie zum Essen ein oder schenke ihnen eine gute Flasche Wein. Eine weitere Sache, die du im Kopf behalten solltest: Was immer du vorhast, ist wahrscheinlich schon mal von jemand anderem gemacht worden. Das soll dich jedoch nicht davon abhalten, sondern im Gegenteil darin bestärken, dass solche Ziele durchaus erreicht werden können! Es lohnt sich, dass du dir die Leute genauer ansiehst, die ähnliche Ziele schon vor dir verwirklicht haben. Vielleicht hat jemand ein Buch darüber geschrieben, in einem Interview davon erzählt oder es gibt einen Film zum Thema. Du kannst aus allem etwas lernen.

Der Life-Coach Anthony Robbins sagt: »Erfolg hinterlässt sichtbare Spuren.« Versuche also nicht, das Rad noch einmal zu erfinden. Nimm die Erfahrungen anderer, um dich zu motivieren und dir Mut zu machen.

♥ Bleibe bei deinem Vorhaben! Fange jetzt an! Dein größter Trumpf ist der heutige Tag, genau jetzt, genau hier. Es gibt keinen besseren Zeitpunkt, deinem Leben eine entscheidende Wendung zu geben und mit dem anzufangen, was du schon immer tun wolltest. Es ist nie zu spät. Heute ist der erste Tag in deinem neuen Leben. Fange SOFORT an!

WAFFEN IM KAMPF GEGEN DIE TRAURIGKEIT

Hier sind einige weitere Tipps, wie du dich in stürmischen Zeiten über Wasser hältst!

♥ Benutze wohltuende ätherische Öle. Die Wirkung, die Düfte auf unsere Emotionen haben, ist enorm – viele unterschätzen das. Du kannst ätherische Öle auf ein Taschentuch träufeln, sie in eine Duftlampe geben oder, je nach Öl, sogar in dein Essen oder ein Getränk mischen, um deine Stimmung zu heben. Ob Lavendel, Orange, Rose, Ylang-Ylang, Zitrone, Jasmin, Koriander, Nelke, Zimt, Petitgrain, Römische Kamille, Bergamotte, Geranie, Weihrauch oder Ingwer, jedes dieser Öle hat seine besonderen Eigenschaften. Um mehr über Wirkungsweise und Anwendung herauszufinden, musst du bloß ein wenig googeln. Lavendel beispielsweise wirkt entspannend und sorgt für einen ruhigen Schlaf. Jasmin beruhigt, wirkt aber auch wie ein Aphrodisiakum. Zitrone belebt die Stimmung und fördert die Konzentration. Ätherische Öle sind so vielfältig und können tatsächlich kleine Wunder bewirken. Nimm dir ein bisschen Zeit, sie für dich zu entdecken. Du wirst erstaunt sein, was du alles lernst.

♥ Genieße mehr Schokolade. Der Grund dafür ist ganz einfach: Schokolade macht glücklich und ist zudem ein natürlicher Schmerzhemmer. Sie setzt Endorphine im Körper frei, also genau die Hormone, die uns glücklich und zufrieden machen. Einige Forscher wollen in Schokolade sogar kleine Mengen derselben Substanzen gefunden haben, die auch in Marihuana vorkommen. Das könnte zumindest einer der Gründe sein, warum wir uns so gut fühlen, wenn wir davon essen. Schokolade enthält außerdem sehr viel Magnesium. Greifst du also öfter danach, kann das durchaus ein Hinweis deines Körpers sein, dass du einen Magnesiummangel hast.

Aber aufgepasst: Die meisten herkömmlichen Schokoriegel sind voll künstlichem Mist. Je reiner also die Schokolade ist, desto besser. Deshalb mag ich am liebsten dunkle Schokolade, nicht zuletzt auch, weil sie so reichhaltig ist, dass man nur ein paar Stückchen essen muss. Schokolade gibt dir den Kick!

♥ Iss Chilischoten. Wenn du scharfe Pfefferschoten zu dir nimmst, setzt dein Gehirn ebenfalls Endorphine frei und das wiederum sorgt dafür, dass du dich gut fühlst. Scharfe Sachen lohnen sich also!

♥ Treibe mehr Sport. Wir wissen alle, dass Bewegung gut für den Körper ist. Aber sie ist darüber hinaus auch sehr belebend fürs Gehirn! Tatsächlich kannst du mit Sport deine Stimmung heben. Klinische Studien zeigen, dass sportliche Betätigung bei Depressionen genauso effektiv wirkt wie Medikamente oder eine Verhaltenstherapie. Na, wenn das keine guten Nachrichten sind!

♥ Lächle öfter. Es ist nicht nur wissenschaftlich erwiesen, dass Lächeln glücklicher macht – du wirst damit auch attraktiver für andere Menschen. Es erhöht zudem die Wahrscheinlichkeit, dass andere Menschen a) öfter zurücklächeln, b) mit dir befreundet sein und c) mit dir eine Beziehung eingehen wollen! Lächeln hilft auch, wenn es dir nicht so gut geht. Du kannst deine Laune verbessern, indem du die Gesichtsmuskeln aktivierst und ein leichtes Grinsen aufsetzt. Wie schon gesagt – wir können über unseren Körper unsere Psyche beeinflussen. Wenn du also Haltung annimmst und öfter lächelst, wirst du dich auf wundersame Weise glücklicher fühlen.

♥ Lache mehr. Das ist eine der schnellsten Hilfsmittel für ein Glücksgefühl. Wenn dir nicht nach Lachen zumute ist, dann schau dir Videos deines Lieblingscomedian an. Es gibt sogar Lachyogakurse, bei denen sich Leute in Parks treffen und einfach nur lachen.

❤ Bringe Ordnung in dein Leben. Es ist ziemlich hart, am Glücklichsein zu arbeiten, wenn man kaum mit der Arbeit hinterherkommt. Willst du dein Leben besser in den Griff bekommen und nicht mehr so viele Dinge auf einmal im Kopf haben, solltest du deine Woche planen. So weißt du schon im Voraus, was alles erledigt werden muss. Und das wiederum schafft Platz für mehr Spaß. Am besten bekommst du all den unwichtigen Kram aus dem Kopf, wenn du ihn aufschreibst, dann musst du nämlich nicht mehr andauernd daran denken. Das ist einer der Gründe, warum ich alles schriftlich festhalte. Ich schaffe Ordnung und muss mir keine Gedanken mehr machen. Das wirkt wahre Wunder!

❤ Lasse dich ab und an richtig verwöhnen. Wenn ich nach einer anstrengende Woche erschöpft bin, gehe ich am liebsten in ein Wellnesscenter und gönne mir eine Pediküre. Auf diese Weise kann ich total entspannen, während sich jemand anderes um mich kümmert.

❤ Höre Musik. Für mich gibt es eigentlich nicht Schöneres, als ein paar meiner Lieblingssongs zu hören. Wenn ich mich gut fühle, macht mir die Musik noch bessere Laune. Und wenn es mir nicht so gut geht, dann hilft sie mir, mich besser zu fühlen. Das ist kein Zufall: Musik spricht unsere Psyche an, weil wir sie mit Erinnerungen an bestimmte Menschen oder Momente verbinden. Darüber hinaus wirkt sich Musik auch positiv auf unseren Körper aus. Sie lindert Stress, entspannt die Muskulatur, sie kann Schmerzen lindern und Ängste abbauen! Musik verlangsamt den Puls und die Atemfrequenz. Sie beruhigt die Nerven und das Zellgewebe, wodurch die Lungen entlastet werden. Musik ist sogar gut fürs Herz. Sie weitet die Gefäße und verbessert den Blutfluss. Falls du daran zweifelst, drehe deinen Lieblingssong auf!

❤ Verliere dich ab und zu in den schönen Künsten. Du kannst eine Galerie besuchen, Bücher lesen, ins Ballett gehen ... Egal, was du tust, es geht darum, dich daran zu erinnern, wie viel Schönheit es in der Welt gibt.

♥ Sei dankbar für das, was du hast. Dir all die Dinge bewusst zu machen, die dein Leben bereichern, ist eine sehr kraftvolle Übung, um deine Stimmung zu verbessern. Dankbarkeit hilft dir, dich an den Dingen und Erlebnissen zu orientieren, die wunderbar sind, denn, wie wir alle wissen, kann man das leicht vergessen. Ich empfehle dir, wöchentlich oder, wenn du magst, täglich eine Dankbarkeitsliste zu schreiben. Und falls du jetzt denkst, das sei so einfach und könne deshalb gar nichts bewirken, probier's aus. Du wirst merken, wie wirksam das ist!

♥ Entscheide dich, glücklich zu sein. Das Leben ist nicht perfekt und wird es auch nie sein. Wir können uns aber jederzeit dafür entscheiden, in diesem Augenblick glücklich zu sein. Wenn du nur darauf hoffst, dass das Gute vom Himmel fällt, wenn du dir ständig sagst »Wenn dies und das passiert, dann bin ich glücklich«, wird dir das Glück nie begegnen. Je unglücklicher wir glauben zu sein, desto größer ist oftmals die Diskrepanz zwischen der Realität, also wie unser Leben tatsächlich ist, und der Wunschvorstellung, wie es sein sollte. Glücklichsein ist Einstellungssache. Du musst dich dafür entscheiden, dass du glücklich sein willst – ganz egal, was passiert.

76

*Das ist das Grandiose
am Glücklichsein:
Du kannst diesen Zustand
ganz einfach erreichen.
Du musst dich nur entscheiden:
entweder für einen Gedanken,
der dich glücklich macht
oder für einen, der dir Angst
einjagt. Diese Entscheidung
kannst du jederzeit treffen.*

#RSLBOOK

HAUSAUFGABEN

❤ **ENTSCHEIDE DICH, VERANTWORTUNG FÜR DEIN LEBEN ZU ÜBERNEHMEN.**
Übe dich von heute an darin, anders zu denken, indem du Verantwortung für alles übernimmst, was dir in deinem Leben passiert. Du kannst dich zum Beispiel fragen: Was hätte ich tun können, damit die Sache anders ausgeht?

❤ **GESTALTE DEINE ALLTAG MAGISCHER.**
Integriere ab jetzt jede Woche etwas Neues in deine tägliche Routine. Alles, was dich glücklicher macht, ist gut. Passiert das nicht, lasse es sein und probiere etwas anderes aus.

❤ **ARBEITE MIT AFFIRMATIONEN.**
Du kannst die Vorschläge aus diesem Kapitel verwenden und eigene Affirmationen erfinden, sobald du dich sicherer fühlst. Schreibe sie auf ein Post-it, das du an den Spiegel oder ans Fenster klebst. Lasse die positiven Sätze auf dein Unterbewusstsein und deine Stimmung einwirken!

❤ **NUTZE DIE WAFFEN GEGEN DIE TRAURIGKEIT.**
Was funktioniert am besten für dich? Sobald du eine Strategie findest, die wirkt, schreibe sie auf. Mein Vorschlag: Verfasse deine eigene Radikale-Selbstliebe-Bibel. Dazu nimmst du ein schönes Notizbuch und hältst alle Affirmationen, kraftvollen Gedanken, großen Träume fest. Schreibe auch alle Aktivitäten auf, die dich glücklich machen.

❤ **MACHE DIR BEWUSST: WAS DU HEUTE TUST, IST WICHTIG.**
Es ist tatsächlich so, wie ich es zu Anfang des Kapitels geschildert habe: Wir können unser Leben nur in diesem Moment, im Jetzt und Hier, leben. Deshalb ist jeder von uns auch selbst dafür verantwortlich, das Beste daraus zu machen. Du

kannst dich entscheiden, glücklich oder traurig zu sein. Du kannst deine Denk- bzw. Verhaltensmuster und Gewohnheiten verändern oder so weiterleben wie bisher und immer »die Alte« bleiben. Du kannst Wunder, Magie, Freude, Schwierigkeiten, Langeweile oder Eintönigkeit anziehen. Es liegt immer in deiner Hand, gestern wie heute. Oder, wie es die Schriftstellerin Maya Angelou zusammenfasst: »Das Leben will am Kragen gepackt werden und hören: Alles wird gut, mein Kind. Und jetzt lass uns loslegen!«

Andere lieben

KAPITEL 3

LIEBE, SEX, DAS UNIVERSUM UND DER GANZE REST

Von der ersten Verliebtheit bis zum gemeinsamen Leben und all dem Schönen und Verrückten, das dazwischenliegt

Sich zu verlieben, ist leicht. Es passiert jede Minute, jeden Tag, überall auf der Welt. Augenpaare finden sich auf einem überfüllten Markt, man geht an jemandem vorbei, der einem augenblicklich den Kopf verdreht – all das passiert. Jemanden zu treffen, der deine Neugier weckt, ist nicht schwer, aber den Richtigen zu finden? Diese Herausforderung ist eine ganz andere Nummer.

Beziehungen können es echt in sich haben. Manche von uns scheinen ihr ganzes Leben auf der Suche zu sein, während es den Eindruck macht, als würden andere an jeder Ecke gleich Seelenverwandte finden. Warum nur haben die einen irres Glück, während die anderen sich abstrampeln?

Gehen wir dazu noch mal zu Kapitel eins zurück. Die Beziehung zu anderen sollte niemals über der Beziehung zu dir selbst stehen. Und ob es dir gefällt oder nicht, die Qualität der Verbindungen, die du mit anderen eingehst, steht immer in direktem Verhältnis dazu, wie sehr du dich selbst liebst. Findest du, dass du eine ziemlich coole Braut bist? Wenn nicht, wirst du immer nach jemandem Ausschau halten, der dich vervollständigt oder irgendein emotionales Loch füllt. Spoileralarm: So etwas gibt es nicht.

Die beste Beziehung führen zwei Menschen, die sich selbst wertschätzen und respektieren. Einfach ausgedrückt, musst du erst mal in dich selbst verliebt sein. Bist du in der Lage, in den Spiegel zu schauen, einen Schmollmund zu ziehen, dir mit einem Zwinkern durchs Haar zu streichen und dabei zu sagen: »Babe, du bist göttlich!«?

Halt! Bevor du jetzt denkst, dass du das niemals hinbekommen wirst, atme ein paar Mal tief durch. Natürlich braucht es Zeit, um dahin zu gelangen. Selbstliebe ist kein Ziel, das man irgendwann erreicht, sondern eine Reise. Wir alle haben schlechte Tage, dann finden wir einen Pickel im Gesicht, aber nichts im Kleiderschrank. Aber solange du im Spiegel einen schönen Kussmund hinkriegst und roten Lippenstift auflegen kannst, auch wenn du dich gerade nicht so gut fühlst, machst du trotzdem einen guten Job.

Menschen, die eine Beziehung wollen, sich aber nicht selbst lieben, haben schon verloren. Das ist so, als würde man mit einer Handgranate Tennis spielen. Irgendwann gibt es Tote. Das funktioniert einfach nicht. Dann erwartest du, dass dein Freund dafür sorgt, deinen Selbstwert zu steigern, oder du bist verunsichert und hast Angst, er könnte dich für eine andere verlassen. (Was vielleicht auch passieren wird, denn das Leben ist eine sich selbst erfüllende Prophezeiung) Manche Männer glauben, ihre Freundin sei zu gut für sie, und sabotieren sich deswegen selber. Wenn du tief im Inneren überzeugt bist, die Aufmerksamkeit eines großartigen Menschen nicht zu verdienen, tust du dich mit irgendwelchen Idioten zusammen.

Das sind natürlich keine Hollywood-Szenarien für ein Happy End, auf das wir ja alle hoffen!

Eine Beziehung sollte wie eine Explosion von zwei Wundern sein. Ihr solltet euch beide einbringen, so wie ihr seid. Jeder von euch ist fantastisch. Und wenn ihr eure Kräfte und grandiosen Eigenschaften vereint, strahlt ihr heller als eine Supernova.

Klar, es wird auch schlechte Tage geben, Streit und Zoff darüber, wer zum Beispiel die Spülmaschine einräumt. Das Wichtigste jedoch ist, dass eure Beziehung in Balance ist, dass es einen Ausgleich zwischen Geben und Nehmen gibt. Du willst doch nicht mit jemandem zusammen sein, dessen mangelnde Selbstliebe sich wie ein Schatten über dein ganzes Leben legt. Du willst auch kein Klotz am Bein des anderen sein und ihn davon abhalten, sein Potenzial zu entfalten. Darum geht es nicht in einer Beziehung. Ihr beide müsst euer Leben gegenseitig mit etwas bereichern, das ihr ohne den anderen nicht hättet.

Warum sollte man eine Beziehung aufrechterhalten, die einen nicht glücklicher macht? Wenn sie dich nicht zu einem besseren Menschen macht – warum solltest du deine Zeit vergeuden?

Wir alle stimmen vermutlich darin überein, dass Glücklichsein ein Hauptgrund ist, um mit jemandem zusammen zu sein.

Der Rest ist individuell, wir alle haben unterschiedliche Erwartungen, manche davon haben wir uns von unseren Eltern abgeschaut, manche haben wir selbst ausgetüftelt. Ich kann dir nicht sagen, was für dich die ideale Beziehung ist. Ich kann dir nur von meinen eigenen Sehnsüchten erzählen.

Als erstes will ich dir das Geheimnis der magischen Liste verraten. Wie schon gesagt, bin ich ein Fan von Listen, vielleicht weil ich im Sternzeichen Jungfrau geboren wurde und Ordnung mag. Was ist eine magische Liste? Genau das, wonach es sich anhört: Du setzt dich hin und schreibst deine Wünsche, Träume und Sehnsüchte auf.

Das funktioniert auch wunderbar für Beziehungen. Es hilft nicht nur, mehr Klarheit und Durchblick zu erlangen. Du merkst auch schneller, wenn du dich mit einem Typen einlässt, der eigentlich keinen Pfifferling wert ist. Nimm einfach deine Liste zur Hand und checke, wie viele der Kriterien dein Gegenüber erfüllt. So eine Liste ist wie eine BFF (Best Friends Forever), die dir mit klaren Worten die Augen öffnet.

Als ich vor ein paar Jahren durch einen romantischen Sturm schlingerte, habe ich angefangen, eine Liste von Qualitäten aufzuschreiben, die mein nächster ernsthafter Lover aufweisen sollte. Auch wenn ich damals schon eine bestimmte Person im Kopf hatte, entspricht diese Checkliste genau meinen Vorstellungen eines idealen Partners.

Natürlich wünschen wir uns alle verschiedene Dinge. Einiges auf meiner Liste sagt dir vielleicht gar nichts, während manche deiner Wünsche mir seltsam vorkämen. So ist das nun mal, deshalb finden wir ja auch unterschiedliche Leute interessant.

Beziehungen sind eine spannende Sache, nicht wahr? Wenn ich auf der Straße Paare sehe, frage ich mich oft, warum sie zusammen sind: Wie sind sie zusammengekommen? Warum bleiben sie beisammen? Wie gehen sie hinter verschlossenen Türen miteinander um? Warum haben sie sich ineinander verliebt? Kann er vielleicht die besten Spaghetti der Welt kochen? Ist sie vielleicht ein Genie, auf das er bei Quizabenden zählt? Das ist doch alles äußerst spannend.

Hast du jemals deine romantischen Muster hinterfragt? Nein? Dann erinnere dich an all die Typen, mit denen du liiert warst, und du wirst feststellen, dass sie sich in manchen Dingen durchaus ähneln.

Was mich betrifft, so habe ich kein festes Beuteschema. Ich habe Designer gedatet, Tattookünstler, Rapper, IT-Programmierer, Dichter und Musiker. Sie sahen alle unterschiedlich aus und hatten einen unterschiedlichen Familienhintergrund. Trotzdem hatten sie ein paar Sachen gemein: Sie haben es geschafft, mich zum Lachen zu bringen, und das sogar sehr oft. Sie waren alle sehr intelligent und hatten ihre ganz eigene Sicht auf die Welt. Das alles ist sehr wichtig für mich.

Mit zunehmendem Alter habe ich mehr über das Leben und vor allem über mich gelernt. Deshalb kamen noch ein paar Qualitäten auf meiner Liste hinzu, auch wenn Humor und Intelligenz nach wie vor ganz weit oben stehen. Aber heute ist es mir ebenso wichtig, dass mein Gegenüber Ziele hat, dass man seine Ambitionen spüren kann und er mich ermutigt, meine Träume zu realisieren. Außerdem muss er einen positiven Blick auf die Welt haben. Ich habe jede Menge desinteressierte und negative Jungs gedatet. Solche Männer interessieren mich heute nicht mehr. (Damals war ich genauso drauf, deshalb hat es mich nicht gestört.) Doch wir verändern uns mit den Jahren und dadurch ändert sich auch unsere Perspektive. Wir suchen nach anderen Dingen als früher. Das ist letztlich das Wunderbare am Leben: Es ist ständig im Fluss.

Aber zurück zu der magischen Liste. Setze nichts darauf, das zu banal ist. Auch wenn sich ein millonenschwerer Erbe auf dem Papier gut liest, was ist dir wichtiger: Jemanden kennenzulernen, der Geld hat oder der verlässlich und intelligent ist? Solche Oberflächlichkeiten verringern deine Chancen, weil sie die Gruppe der passenden Menschen einschränken. Es gibt schlichtweg nicht so viele zwei Meter große Basketballspieler, die Millionen verdienen, wohingegen ein glücklicher, talentierter und süßer Typ wesentlich einfacher zu finden ist.

Die Liebe passiert an den unwahrscheinlichsten Orten. Menschen lernen sich unter den seltsamsten Umständen kennen und bleiben dann bis an ihr Lebensende zusammen. Wenn du glaubst, du könntest deinem Traumtyp nur im Sportstadion oder auf der Party einer Eliteuniversität begegnen, dann sortierst du unbewusst bereits einen großen Teil der Bevölkerung aus – und du verpasst vielleicht den Richtigen, der genau vor dir steht.

Hast du deine Liste geschrieben, dann weißt du besser, was du willst. Das ist ein guter erster Schritt. Denn: Wissen ist Macht! Aber natürlich ist das Leben keine Einbahnstraße. Du musst auch bereit sein, etwas zu geben: Was bringst du an Qualitäten mit in eine mögliche Beziehung? Um das herauszufinden, lohnt es sich, mithilfe einer kleinen Fragerunde in dich hineinzuhorchen.

Was für Eigenschaften wünschst du dir bei einem Partner? Wie kann er deine eigene Entwicklung bereichern? Welche Glaubenssätze hast du über die Liebe und darüber, wie sie funktioniert? Warum glaubst du das? Behindern dich diese Glaubenssätze oder bringen sie dich voran? Ist es vielleicht an der Zeit, diese Glaubenssätze loszulassen? Was kannst du tun, um liebenswerter zu sein? Inwieweit kannst du an dir arbeiten? Wie kannst du deine Liebe für deinen Partner stärker ausdrücken? Und schließlich: Bist du wirklich bereit zu akzeptieren, dass eine Beziehung auch Licht auf die negativen Seiten beider Partner wirft? Dass sie vielleicht auch eine Chance für euch beide ist, eure tiefsten Wunden zu heilen?

(Beim letzten Punkt werden einem die Knie weich, ich weiß. Aber keine Sorge, wir kommen gleich noch ausführlicher dazu.)

Du weißt nie, wann und unter welchen Umständen du deine nächste große Liebe kennenlernen wirst. Meistens steht er oder sie einfach vor dir und es haut dich um. Meine Eltern, die über 30 Jahre verheiratet sind, trafen sich so: Meine Mutter wollte im

Laden meines Vaters eine Stereoanlage kaufen. Sie hatten ein stürmisches erstes Date, inklusive Weisheitszähne ziehen, Spaghetti mit dem Löffel essen und der Rest ist Geschichte.

Eines der großartigen Geheimnisse der Liebe ist, dass sie sich genau dann zeigt, wenn man nicht nach ihr Ausschau hält. Das hört sich alles nach Zufall an, aber es stimmt nicht: Tatsächlich ist das eine der Lektionen, die das Leben für uns bereithält, eine Lektion zum Thema Anziehungskraft. Die Liebe zeigt sich immer dann, wenn du deine Erwartungen aufgibst und aufhörst, nach dem perfekten Typen zu suchen. Sich krampfhaft an die eigenen Wünsche zu klammern, ist der sichere Weg, um den Zauber der Liebe zu verhindern.

Es ist doch immer dasselbe: Ich erkläre hoch und heilig, dass ich absolut kein Interesse mehr habe, eine Beziehung einzugehen – und zack, treffe ich jemand ganz Besonderen. Mir geht es da wie anderen auch: Ich hatte Phasen, wo ich nach einem Typen verrückt war, beinahe den Verstand verlor und stundenlang über den Mann meines Herzens am Telefon quatschte. Aber kaum war ich über diese Schwärmerei hinweg, stellte ich fest, dass es sich auch ganz gut anfühlte, Single zu sein. Und genau dann habe ich jemanden getroffen, der so cool ist, dass ich nicht widerstehen konnte, auf den Zug aufzuspringen.

WENN MAN IN EINER BEZIEHUNG IST

Liebe hat etwas mit Risiko zu tun. Eine romantische Beziehung ist zwar magisch und wundervoll, aber sie kann einem auch regelrecht Bauchschmerzen verursachen. Wenn es gut läuft, bringt die Liebe dein Herz wie ein Flipperautomat zum Klingen. Aber sie birgt eben auch Gefahren. Was, wenn du nicht akzeptiert wirst, sobald du zeigst, wie du wirklich bist und was du dir wünschst?

Was, wenn du dein Herz öffnest und zurückgewiesen wirst? Was, wenn du herausfindest, dass du nicht die einzige in seinem Leben bist? Das alles und noch mehr kann uns passieren.

Darum fordert echte Liebe – nicht so ein Geplänkel nach dem Motto »Ich bleibe so lange bei ihm, bis ich was Besseres finde« – Mut, Tapferkeit und Stärke. Deshalb sollte man Menschen, die ihr Herz öffnen und sich für ihre Beziehung einsetzen, eine Medaille verleihen.

Auch wenn es mir schwer fällt, das zu sagen: Jeder wird in der Liebe mal verletzt. Du musst nicht zwangsläufig betrogen oder fallengelassen werden, dennoch entwickeln sich die Dinge manchmal einfach nicht so, wie du es dir erhofft hast. Es tut weh, wenn du dich emotional voll auf jemanden eingelassen hast, diese Hingabe aber nicht erwidert wird. Das macht dich traurig und wütend. Dann schwörst du dir erst mal, nie mehr wieder überhaupt nur zu flirten. Aber du musst dich zusammenreißen und das Risiko eingehen, der Liebe eine neue Chance zu geben. Tust du das nicht, riskierst du noch viel mehr.

1. Definiere klare Regeln und Grenzen

Das klingt nicht gerade magisch, sondern eher langweilig, ich weiß. Aber dieser Punkt ist sehr wichtig, wenn du zum Beispiel für deinen Partner die Einzige sein willst. Ich sage das, weil ich genau diese Erfahrung gemacht habe. Und so ein Fehler passiert einem nur einmal!

Ich hab mal eine Zeitlang regelmäßig einen Typen gedatet. Wir hatten viel Spaß zusammen und quatschten nächtelang, auch wenn wir uns nicht offiziell als Paar bezeichnet hätten (man beachte!). Jedenfalls ging er irgendwann mit einer anderen ins Bett. Wie bitte? Ich bin fast umgefallen, weil ich es nicht glauben konnte. »Ich habe nicht gewusst, dass ich nur mit dir zusammen sein darf«, versuchte er sich zu verteidigen.

Würde mir das heute passieren, würden bei dem Satz sofort

die Warnsignale angehen. Eine solche Beziehung würde ich nicht mehr weiterführen. Damals allerdings war ich jung und habe probiert, darüber hinwegzusehen. Er hat sich x-mal entschuldigt und versucht, es wiedergutzumachen. Wir blieben zusammen – und neben meiner Ehe war das meine bisher längste Beziehung. Aber obwohl ich ihn echt geliebt habe, befand sich das Kräfte-verhältnis nicht mehr im Gleichgewicht. Ich kam mir so vor, als hätte ich ihm erlaubt, mich respektlos zu behandeln. Weil ich sein Verhalten toleriert hatte, fühlte ich mich ohnmächtig und schwach. Für mein Selbstwertgefühl war das wie ein Absturz, und so richtig bin ich nie darüber hinweg gekommen. Deshalb bin ich überzeugt davon, dass es zur Abkühlung unserer Beziehung beigetragen hat.

Darum tue lieber, was ich sage, als das, was ich getan habe.

2. Mache den Mund auf!

Wahrscheinlich hast du das schon mindestens eine Million Mal gehört, aber es ist einfach so: Neben dem Respekt ist Kommunikation das Wichtigste in einer Beziehung.

Was ich genau damit meine: Kommunikation bedeutet, deinem Partner mitzuteilen, was in dir vorgeht. Es bedeutet nicht, davon auszugehen, dass der andere deine Gedanken lesen kann (auch nicht, wenn du mit David Copperfield zusammen bist). Kommunikation heißt, deinem Gegenüber deine Probleme zu sagen, Fragen zu stellen und darüber zu reden, was dich be-drückt. Es geht darum, ehrlich zu sagen, wie du dich fühlt, egal ob gut oder schlecht. Es geht darum, offen, ehrlich und authen-tisch zu sein, auch wenn du dir wie ein Idiot dabei vorkommst, laut auszusprechen, was dich bedrückt. Es geht darum, Risiken einzugehen und dich zu öffnen, auch wenn dir das unangenehm ist. Es geht darum, die Unsicherheit auszuhalten, nicht zu wissen, ob dich der andere wegen deiner Aussagen blöd anschaut – und es trotzdem zu sagen.

Ehrlichkeit ist elementar, auch wenn ich weiß, dass sich das leichter anhört, als es ist. Jeder, der schon mal ein echtes Krisengespräch hatte, weiß, was ich meine. Manchmal scheint es weniger nervig, zu lügen und so zu tun, als sei alles in Ordnung. Das ist aber absolut zerstörerisch, unehrlich und – jetzt mal im Ernst – wirklich schlecht für dich. Du machst die Lage dadurch nur schlimmer und verzwickter. Fünf Monate später flippst du wahrscheinlich komplett aus wegen all der Dinge, die dich wahnsinnig machen. Spare dir den Stress, atme tief durch – und sprich darüber, was dich bedrückt!

Miteinander zu reden heißt nicht, dramatisch zu sein, mit langen, spannungsgeladenen Pausen oder theatralischem Aus-dem-Fenster-Starren, während der Regen die Gehwege tränkt. Nein, überhaupt nicht. Fange einfach an, zu reden.

Ein kleiner Tipp: Manchen Menschen fällt es leichter, tiefe emotionale Gespräche zu führen, wenn sie sich dabei nicht ansehen. Du hattest bestimmt auch schon richtig gute Unterhaltungen beim Spazierengehen. Ohne den sozialen Druck, sich dauernd anschauen zu müssen, ist es eben leichter, ehrlich und authentisch zu sein.

Es ist auch gar nicht so wichtig, wie genau du anfängst – Hauptsache, du redest und der andere hört zu. Selbst wenn keiner von euch beiden gleich mit einer Lösung um die Ecke kommt, wirst du dich danach besser fühlen, weil du dir das Thema von der Seele geredet hast. Es ist schlimm, im Stillen zu leiden. Aber sobald ihr darüber redet, könnt ihr euren Grips einschalten und eine Lösung finden.

Wenn jemand über etwas Wichtiges mit dir spricht, dann zeige dich als aktive Zuhörerin. Aktives Zuhören bedeutet, dem anderen deine Aufmerksamkeit durch kurze Bestätigungen wie »Ja«, »Ich verstehe«, »Mhm« oder eine kurze Wiederholung dessen, was gesagt wurde, zu zeigen. Zuhören ist eine wichtige zwischenmenschliche Fähigkeit, die nicht einrosten sollte. Im Internet findest du mehr zum Thema Aktives Zuhören.

Wenn du es, so wie ich, schwer findest, alles zu behalten, was dir für dein ernstes Gespräch wichtig ist, dann schreibe es auf. Das ist vielleicht Nerd-like, aber es funktioniert.

Kleine Tipps

♥ Wenn ihr schon eine Weile zusammen seid und sich der Zauber des Anfangs etwas abgenutzt hat, ist es wichtig, an der Magie der Beziehung zu arbeiten. Du solltest dich immer auf deinen Partner freuen. Ist das nicht so, verbringe doch einfach mal ein paar Tage alleine. Trefft euch zu einem aufregenden Date, um aus der Routine auszubrechen, in der ihr steckt. Für viele von uns ist Langeweile der Anfang vom Ende, also haltet die Liebe frisch!

♥ Gehe niemals verärgert schlafen. Das ist ein Klischee, aber bei mir funktioniert es. Im Grunde genommen geht es darum, Mißverständnisse schnell zu klären, damit sie sich nicht auswachsen. Wer will schon morgens genervt aufwachen wegen etwas, was am Abend zuvor passiert ist? Damit versaust du dir den ganzen Tag, und es empfiehlt sich nicht, so durchs Leben zu gehen. Jeder Tag sollte ein leeres Blatt Papier sein, das du mit schönen Erlebnissen füllen kannst. Es ist doch herrlich, deinen Lover morgens zu küssen, ohne insgeheim zu denken: Du nervst mich so dermaßen, heute Nacht drehe ich dir den Hals um!

♥ Strenge dich an. Ja, genau, ziehe was Hübsches an und mache dich zurecht. Auch wenn es beruhigend ist, dass man sich voreinander in den alten Jogginghosen zeigen kann, solltest du den Gammellook nicht übertreiben. Ich empfehle euch eine Date-Night pro Woche: Geht schick aus – du in deinem heißesten Fummel. Style dich so, als würdest du auf euer erstes oder zweites Date gehen. Wer sich selbst liebt und respek-

93

tiert, achtet auf sich in puncto Essen, Bewegung und Kleidung. Genau das gleiche gilt für deinen Partner! Es fühlt sich grandios an, zusammen auszugehen und zu wissen, dass ihr beide das tolle Paar seid, das andere gern wären.

♥ Habt Spaß zusammen! Das ist ganz, ganz wichtig. Plant eure gemeinsamen Unternehmungen, sonst gleitet ihr leicht in die Couchroutine ab, und das heißt abends vor dem Fernseher rumhängen, Pizza bestellen und irgendwann ins Bett krabbeln. Ein paar Mal ist das schon okay und manchmal braucht man so etwas – aber jeden Abend? Da fällt dir doch was Besseres ein, oder? Besucht eine Kunstausstellung, macht einen langen Spaziergang, treibt Sport zusammen (das weckt Endorphine und Adrenalin und schweißt euch im wahrsten Sinne des Wortes zusammen). Probiert doch mal das neue Restaurant um die Ecke aus, gönnt euch einen Drink in einer Bar, zieht die halbe Nacht um die Häuser, haltet Händchen, klettert auf Bäume, geht schwimmen, macht einen Ausflug ... Hauptsache, ihr nehmt euch Zeit für ein wöchentliches Date. Macht es zur Gewohnheit, einen Abend pro Woche auszugehen. So könnt ihr euch auf etwas freuen – und bleibt verliebt.

♥ Bring deinem Lover mit kleinen Gesten deine Aufmerksamkeit entgegen, zeige ihm, dass du ihn liebst und dich um ihn kümmerst. Du kannst ihm etwas schenken, das er mal beiläufig erwähnt hat, oder ihm bei etwas helfen, das er gern machen würde, aber nicht schafft, wie zum Beispiel die Wohnung aufräumen. Auch eine Massage kann Wunder wirken, weil du ihm damit zeigst, dass er sich nach einem langen Tag bei dir zurücklehnen kann.

✿ ✿ ✿

94

SEXY, SEXY SEX

Vergesst nicht, Sex zu haben. Das klingt total logisch, aber manchmal müssen wir tatsächlich daran erinnert werden. Es ist doch so: Sobald der Sex aufhört, kann man die Beziehung auch Freundschaft nennen, denn letztlich macht der Sex den Unterschied zwischen Freundschaft und einer intimen Beziehung aus.

Wenn du vom Sex gelangweilt bist, läuft etwas falsch. Glaube mir, toller Sex ist so viel mehr als einfach auf dem Rücken zu liegen und an die Tapetenfarbe zu denken. Es bedarf Kommunikation (ja, schon wieder), die Bereitschaft, sich auszuprobieren und neue Dinge zu wagen. Ihr könnt euch gegenseitig Sexbücher vorlesen, die ungewöhnlichsten Vorschläge darin austesten oder euch einfach gegenseitig verwöhnen. Mal ehrlich: Alles wird irgendwann langweilig, wenn man es oft gemacht hat. Darum ist es ja gerade so wichtig, immer wieder mal einen Tapetenwechsel vorzunehmen. Probiert einfach aus, welche Abwechslungen euch beiden gut tun.

Mit einigen Typen funkt es sofort im Bett, mit anderen eher weniger. Oft knistert es bei Leuten, mit denen du keine Minute zusammen sein könntest. Während der Sex mit jemandem, in den du total verliebt bist, vielleicht nur so lala ist. Auch wenn dich euer Liebesleben anfangs nicht umhaut, bleib dran. Man kann an der sexuellen Beziehung arbeiten. Probiere neue Sachen aus, frage deinen Partner, was er gern mag. Sage ihm, was du dir wünschst und – ganz wichtig – sprecht nicht darüber, während ihr gerade Sex habt. (Wer will schon nackt kritisiert werden?)

Wenn du deinem Partner deine sexuellen Fantasien nicht mitteilst, weil dir das peinlich ist, dann kann es durchaus passieren, dass dein Sexleben noch langweiliger wird als das Fernsehprogramm. Die menschliche Sexualität ist so faszinierend und vielfältig – herrje, redet miteinander. Schüchternheit bringt keinen von euch weiter.

Falls dein Freund behauptet, du hättest nicht mehr alle Tassen im Schrank, nachdem du ihm von deinen Sehnsüchten und Fantasien erzählt hast, dann ist das sein Problem. Aber: Ist dir schon mal in den Sinn gekommen, dass er vielleicht das gleiche mag wie du und nur zu schüchtern ist, dir das zu sagen? Du meine Güte, da muss nur einer über seinen Schatten springen und ihr schwebt auf Sex-Wolke sieben! Eigentlich ist doch nichts zu abgefahren und die Welt ist voll von Leuten, die auf ausgeflippte Sachen stehen. Dein Partner könnte genauso ticken. Also, auf die Gefahr hin, dass ich mich wiederhole: Redet darüber, oder ihr werdet es bereuen!

Es kann allerdings eine Weile dauern, bis du dir dieser Wahrheiten bewusst bist. Ich beispielsweise hatte bis 25 keinen guten Sex. Ab diesem Zeitpunkt hatte ich weniger Angst davor, meine Bedürfnisse auszusprechen. An den guten alten Redensarten ist eben doch was dran: »Wer nicht wagt, der nicht gewinnt.«

SEX-TIPPS VON EINEM LIMOUSINEN-FAHRER

Ich war schon an vielen abgefahrenen Plätzen und habe viele verrückte Leute getroffen. Einige Begegnungen sind besonders crazy, wie zum Beispiel die mit einem Limousinenfahrer, den ich in Toronto kennengelernt habe. Er redete die ganze Fahrt davon, wie er und seine Frau mehr »Würze«, wie er es nannte, in ihre Ehe bringen.

Ehrlich gesagt wollte ich das damals alles gar nicht hören und dachte nur: »Ahhhhh, zu viele Details!« Aber ich muss zugeben, dass der Typ ganz gute Tipps hatte. Er war um die 50 und nach eigenen Angaben seit vielen Jahren glücklich verheiratet. Hier eine Auswahl seiner besten Ratschläge:

♥ SETZE SEX AUF DEINER TO-DO-LISTE GANZ NACH OBEN

Wenn ihr beide abends von einem langen Tag nach Hause kommt und euch einfach nur hinlegen wollt, geht nicht ins Bett mit der Illusion, dass ihr Sex haben werdet. Das wird nicht passieren. Entweder fangt ihr beide nach fünf Minuten an zu schnarchen oder einer von euch wird einschlafen, während der andere im Dunkeln wach liegt und sich zurückgewiesen fühlt. Dabei ist die Sache ganz einfach: Betten sind nun mal dafür da, dass wir darin schlafen. Der Tipp des Limousinenfahrers: Habt einfach woanders Sex. Er liebte es, Sex im Schrank zu haben (very Michael Jackson!) oder auf der Couch, wenn die Kinder aus dem Haus waren. Lass dir das durch den Kopf gehen: Du musst nicht immer zu Hause Sex haben. Geht raus, bucht ein Hotelzimmer, findet ungewöhnliche Orte und lasst euch gehen. Auf diese Weise macht Sex viel mehr Spaß! Passt nur auf, dass ihr nicht verhaftet werdet. Denn dafür übernehme ich nicht die Verantwortung.

♥ VERHÄNGT EINE STRAFE FÜR LANGWEILIGE SCHLAFANZÜGE!

Diese Regel gilt für beide. Hässliche Pyjamas haben keine Existenzberechtigung. Du bist sexy und solltest nicht in schlabberigen Omaklamotten schlafen – bequem hin oder her. Man kann sich in Seide genauso wohlfühlen. Du musst ja nicht gleich ein Bondage-Netzteil anziehen, um deinen Liebsten anzumachen. Vertraue mir, die kleine Investition lohnt sich! Der Limousinenfahrer beschrieb mir lang und breit, wie sehr es ihm gefallen habe, seine Frau in einem G-String zu sehen. Keine weiteren Details nötig!

♥ VERABREDET EUCH ZU »SEX-DATES«

Das mag jetzt nicht romantisch klingen. Aber es ist doch so: Wenn du im Leben etwas erreichen willst, musst du dir Zeit dafür freischaufeln. Ansonsten findest du nie auch nur eine freie Minute dafür. Der Limousinenfahrer erzählte mir, dass seine Frau und er sich zu »Sex-Dates« verabredeten: Sie buchten sogar ein Hotelzimmer, um dort so richtig zur Sache zu kommen. Einmal im Jahr fahren sie nach Las Vegas, wo sie spielen, was trinken, schön essen und es sich richtig gut gehen lassen. Wenn man etwas auf der gemeinsamen Agenda hat, dann schweißt einen das zusammen. Dann hat man was, worauf man sich freuen kann. Das hört sich doch nach einem wirklich guten Rezept für ein glückliches Sexleben an, oder?

PROBLEME

Jetzt ist es an der Zeit, noch mal auf den Punkt von vorhin zurückzukommen. Kommst du wirklich damit klar, dass in einer guten Partnerschaft auch eure negativen Seiten zum Vorschein kommen? Eine Beziehung ist eine Herausforderung, aber auch eine Chance, dass die tiefen Wunden beider Partner geheilt werden können.

Natürlich wäre es schön, wenn Beziehungen ein wunderbares gegenseitiges Geben und Nehmen zwischen zwei gleichberechtigten Partnern wären. Aber das gibt es nur selten. Selbst die verständnisvollsten und bodenständigsten Paare haben Probleme. Auch sie sind nur Menschen – und trotz aller Nähe und Intimität knirscht es mal im Getriebe. In Beziehungen kommt es zu Problemen, die besprochen werden müssen, so ist das nun mal. Manche dieser Probleme sind relativ klein, wie etwa: Sie schläft gern aus, er ist ein echter Frühaufsteher. Manchmal aber ist das Dilemma richtig groß. Zum Beispiel: Sie wurde missbraucht, also stößt sie ihn immer wieder weg. Er wiederum wurde nicht genug von seinen Eltern geliebt und kann deshalb mit Zurückweisung nicht umgehen. Alle Beziehungen brauchen Arbeit und Pflege. Dass Wichtigste dabei ist, dass ihr beide gewillt seid, etwas zu ändern, um eine Lösung zu finden.

Neulich habe ich etwas Cooles im Internet gelesen: »In Beziehungen muss man Kompromisse eingehen. Okay, aber wer muss das, sie oder er?« Ha, das ist eine gute Frage. Aber im Ernst, wenn ihr in eurer Beziehung Probleme habt, sei es, dass einer sich nicht verstanden fühlt, unzufrieden mit dem Sexleben ist oder die Freunde des anderen nicht ausstehen kann, dann darf derjenige nicht allein darum kämpfen, das hinzubekommen. In einer echten Partnerschaft bemühen sich beide, die Schwierigkeiten zu beseitigen.

Das Beste, was ihr für eure Beziehung tun könnt, ist nett zueinander zu sein. Klingt simpel, ist aber im wirklichen Leben ganz schön komplex. Ich bin sicher nicht allein damit, dass ich ab und an stichele oder sarkastisch bin. Nur leider trägt das nicht zur positiven Entwicklung einer Beziehung bei.

In einer meiner ernsten Partnerschaften einigten mein Freund und ich uns darauf, weder Ironie noch Sarkasmus zuzulassen und aufzuhören, uns gegenseitig auf die Schippe zu nehmen, auch wenn das nur als Spaß gedacht war. Wir nahmen uns vor, einfach ehrlich zu sagen, was wir wirklich wollten. Das klingt simpel, veränderte aber komplett die Art, wie wir miteinander umgingen: Wir wurden dadurch viel enger. Mit dem Sarkasmus und der Ironie verschwanden auch die Unsicherheiten und Missverständnisse. Es ist auf jeden Fall etwas, das du ausprobieren kannst, falls ihr auch oft solche halb gemeinen Sachen zueinander sagt. Versucht es mal ohne, und ihr werdet überrascht sein, wie viel glücklicher euch das macht.

Die Idee dahinter ist sogar wissenschaftlich belegt. Im Jahr 1994 fand der Psychologe John Gottman heraus, dass eine glückliche Ehe auf der mittlerweile berühmt gewordenen »5-zu-1-Re-

99

gel« beruht. Sie besagt, dass sich die Partner in stabilen Beziehungen fünfmal mehr anlächeln, berühren, Komplimente machen und miteinander lachen als sarkastisch zu sein, sich zu kritisieren oder zu streiten. Das gilt auch für die ersten Dates: Positive Impulse führen zu einer stärkeren, glücklicheren Beziehung.

Die Menschen sind verschieden, deshalb kann es manchmal trotz aller Liebe zu Problemen in der Kommunikation kommen. Ich bin ein großer Fan von Gary Chapman Buch *Die fünf Sprachen der Liebe*. Der Paarberater beschreibt darin, dass wir unsere Liebe auf fünf verschiedene Arten (Sprachen) zeigen können:

♥ Bestätigende Worte (Komplimente machen und Sätze wie »Ich liebe dich« sagen)

♥ Quality time (Zeit miteinander verbringen, etwas als Paar unternehmen)

♥ Geschenke (etwas Schönes für den anderen kaufen oder eine Überraschungsreise nach Venedig buchen)

♥ Liebevolle »Dienste« (das Auto deines Liebsten waschen, deinem Partner dabei behilflich sein, Probleme zu lösen, etwas Schönes kochen)

♥ Berührungen (den Rücken streicheln, küssen etc.)

Wir alle sehnen uns in der Beziehung nach den fünf Sprachen der Liebe, auch wenn manche Menschen die eine Sprache besser verstehen oder lieber »sprechen« als die andere.

Meine beiden Lieblingssprachen sind zum Beispiel: bestätigende Worte und Berührungen. Ich war aber auch schon mit Männern zusammen, die mir eher liebevolle Dienste entgegenbrachten oder Geschenke machten. Und darin liegt die Problematik. Wir zeigen unsere Liebe in unserer eigenen Sprache. Wenn ich mich also bemühe, meinem Partner oft zu sagen, wie lieb ich ihn habe oder seine Hand halte, bedeutet das für ihn vielleicht gar nicht so viel wie für mich. Er würde sich möglicherweise eher geliebt fühlen, wenn wir mehr Zeit miteinander verbringen würden.

Unter www.fivelovelanguages.com findest du einen Gratis-Test zum Thema Sprachen der Liebe. Am besten macht ihr ihn zusammen! Dann wisst ihr genau, welche Sprachtypen ihr jeweils seid. Das wird euch helfen, euch gegenseitig die Zuneigung zu geben, die ihr braucht.

In manchen Partnerschaften gibt es richtig tief gehende Probleme, die so weit zurückreichen, dass es schier unmöglich scheint, sie zu lösen. In diesem Fall ist es wirklich hilfreich, sich eine Paarberatung zu suchen. Dort könnt ihr auf neutralem Terrain über das, was euch bewegt, sprechen. Ein Therapeut gibt euch Hausaufgaben, die ihr zusammen macht, und zeigt euch neue Wege auf, wie ihr eure Probleme in den Griff bekommt. Auch wenn es dir bisher immer gut tat, mit deiner besten Freundin über so etwas zu sprechen, ist sie bestimmt nicht so objektiv, wie du glaubst. Manchmal ist ein unparteiischer und außenstehender Beobachter einfach Gold wert.

EINGEFAHRENE BEZIEHUNGEN

Was aber, wenn in der Beziehung das Feuer erloschen ist? Ich bin der festen Überzeugung, dass Partnerschaften, auch wenn sie Arbeit erfordern, nicht zur Qual werden sollten. Du hast einen freien Willen und musst nichts tun, was du nicht möchtest. Sex zum Beispiel sollte nie zu einer lästigen Pflicht werden. Als Paar solltet ihr es genießen, Zeit miteinander zu verbringen, Pläne für die Zukunft zu schmieden, euch zu lieben, zu unterstützen, gegenseitig zu ermutigen und und und.

Viele Menschen bleiben in Beziehungen, weil es sicher, bequem und angenehm ist. Die Liebe aber hat sich vielleicht schon längst verabschiedet. Ihr mögt euch beide noch irgendwie, seid aber nicht mehr verliebt. Ihr fühlt euch eher wie Geschwister: in

Liebe verbunden, aber ohne Leidenschaft. Das passiert manchmal und macht dich nicht zu einem schlechteren Menschen. Aber wenn du feststellst, dass das bei dir der Fall ist, solltest du handeln. Oft leugnen wir Dinge so lange, bis uns irgendwann aus heiterem Himmel der Blitz trifft. Doch wer will schon eines Tages aufwachen und feststellen: »Oh Gott, ich bin nicht mehr verliebt in dich. Ich mag dich schon irgendwie, wünsche mir aber in meinem Leben mehr als das!«

Vielleicht macht dir diese Erkenntnis Angst: Was, wenn dein Partner noch total verliebt in dich ist? Die ganze Sache läuft auf den Facebook-Status »Es ist kompliziert« hinaus. Aber schauen wir den Tatsachen ins Auge. Niemand sollte in einer Beziehung ausharren, weil er sich dazu verpflichtet fühlt. Wie würde es dir ergehen, wenn dein Partner nur aus Mitleid mit dir zusammenbliebe?

Du würdest wahrscheinlich sagen: »Bitte, du bist frei, suche dein Glück woanders!« Oder? Trennungen sind furchtbar und tun oft richtig weh. Aber sie öffnen auch Türen für neue positive Energie. Und noch eine provokante These: Scheidungen sind sehr schwer für eine Familie, aber dennoch glaube ich, dass Kinder mehr Positives von ihren Eltern abschauen können, wenn die sich nach einer Trennung gegenseitig respektieren und eigene Wege gehen, als wenn sie immerzu streiten und sich hassen. Was bitte sollen Kinder daraus lernen, wenn ihre Eltern in einer furchtbaren Beziehung stecken bleiben?

Ich bin nicht der Meinung, dass wir nur mit einem einzigen Menschen für den Rest unseres Lebens zusammenbleiben müssen. Ich glaube, dass wir Menschen treffen, die in der jeweiligen Phase unseres Lebens zu uns passen. Solange wir einen gemeinsamen Weg gehen, bleiben wir zusammen. Trennen sich die Pfade, endet auch die Beziehung. Es passiert doch sehr selten, dass sich jemand in der genau gleichen Weise und Geschwindigkeit weiterentwickelt wie man selbst. Also wäre es doch ungerecht, von einem Partner Veränderung und Entwicklung zu erwarten, die ihn überfordern, nur weil man selbst dazu bereit ist.

Natürlich ist es schmerzhaft, eine Beziehung aufzugeben, der nichts Großartiges fehlte, außer das gewisse Feuer. Es plagen dich Zweifel, weil du glaubst, danach als alte Jungfer zu enden. Aber das stimmt nicht. Auch wenn dich die Trennungen wirklich runterziehen kann, wirst du darüber hinwegkommen. Versprochen!

In solch schwierigen Zeiten kann es wirklich hilfreich sein, ein Tagebuch zu führen. Du kannst zurückblättern und dich davon überzeugen, dass du auch vor deiner Beziehung tatsächlich schon ein Leben hattest (und was für ein schönes!) und dass es wieder genauso schön wird, auch wenn du deinen Freund verlässt.

Du weißt nicht, ob du bleiben oder gehen sollst, weil ihr schon lang zusammen seid? Dann höre auf deinen Bauch. Tief in deinem Inneren weißt du genau, was zu tun ist. Aber es braucht Zeit und Muße, um in sich hineinhören zu können. Wenn das alles nichts hilft, dann überlege, was du deiner besten Freundin raten würdest, wenn sie in derselben Lage wäre – und dann handelst du danach!

NACH DER TRENNUNG

Trennungen können so richtig unter die Haut gehen, vor allem dann, wenn man lange Zeit zusammen gewesen ist. Egal, ob du den Stein ins Rollen gebracht hast oder nicht, es ist einfach ganz schön viel auf einmal, weil der Partner ja oft zum besten Freund geworden ist, den man auch noch verliert.

Die gute Nachricht lautet: Deine Freunde sind auch noch da. Selbst wenn sie dir nicht den gleichen Support geben können wie ein Partner, so machen sie in der Regel einen guten Job in harten Zeiten. Du hast deine Freunde wegen deiner Beziehung vernachlässigt? Keine Sorge, an dem Punkt waren wir alle schon mal. Klar fühlt man sich erbärmlich, wenn man angekrochen kommt, kaum ist die Beziehung vorbei. Aber echte Freunde können verzeihen. Und danach könnt ihr euch ums Wesentliche kümmern: ins Leben eintauchen, ausgehen, die Ex-Beziehung auseinander nehmen und Ausschau halten nach neuen Bachelors und Bachelorettes.

Mein Nummer-1-Tipp bei Trennungen: Du sparst dir eine Menge Sorgen und Ärger, wenn du deinem Ex eine Weile aus dem Weg gehst. Kontaktsperre ist angesagt – halte dich daran! Am besten sagst du das deinen Freunden, damit sie dich im Zweifelsfall daran erinnern. Meine Regel lautet: sechs Monate Funkstille. Ich sage meinem Exfreund: »Ich rede jetzt sechs Monate nicht mit dir. Wenn du mich anrufst, tue ich so, als ob es dich nicht gibt. Wir brauchen beide Zeit, um über die Trennung hinwegzukommen.« Manchmal regen sich Exfreunde darüber auf und finden das lächerlich, aber irgendwann merken sie doch, dass ich recht habe. Ich habe so viele Trennungen hinter mir, ich kenne das Protokoll!

Wenn mich Leute bei einer Trennung um Rat fragen, dann sage ich ihnen, dass sie erst mal Abstand nehmen sollen von ihrem Ex. Oft höre ich dann: »Aber wir verstehen uns doch so gut, so was brauchen wir nicht ...« Blablabla. Und nach anderthalb Monaten voller Bullshitaktionen beiderseits kommen sie zu mir und geben mir plötzlich Recht. Ich muss mich dann schwer zusammenreißen, um nicht zu sagen: »Ich hab's dir doch gesagt.«

Es gibt Tausende von Gründen, weshalb du dich von deinem frisch getrennten Ex fernhalten solltest. Mit dem Menschen befreundet bleiben zu wollen, ist doch nur ein vorgeschobenes Motiv. Bei einer Trennung wird sich über kurz oder lang mindestens einer von beiden verletzt fühlen und irgendwann seinen Groll gegen den anderen richten. Wenn der Trenner sich dann auch noch frisch verliebt, – tja – dann kann es sein, dass der Getrennte durchdreht. Dann haben die beiden Expartner auf einmal nicht mehr ihr gemeinsames Wohl im Auge, sondern tun sich gegenseitig so richtig weh. Trennungen können einem die Augen öffnen, denn dann zeigt sich, wer dein Partner wirklich ist. Menschen, die bisher hilfsbereit und ausgeglichen waren, werden auf einmal zu echten Psychopathen. Sie schicken E-Mails voller zweifelhafter Komplimente und machen Stress, der keinen mehr interessiert. Eine Gewissensfrage: Willst du wirklich die Person sein, bei der sich dein Ex ausheult, wenn seine neue Freundin nicht so ist, wie er es gern hätte? Nein, das willst du nicht! Du wirst in so einer Situation kein Mitleid mit deinem Ex haben. Viel eher denkst du daran, ihn mit einem Gummiknüppel bewusstlos zu schlagen.

Du kannst kein neues Leben beginnen, wenn dein Exfreund immer noch dauernd in deinem Leben herumspukt. Auch wenn es dir schwerfällt: Du musst dir zumindest eine Zeit lang einreden, dass er nie existiert hat, und lernen, allein klarzukommen. Glaube mir und erspare dir das Drama, indem du den Kontakt eine Weile abbrichst. Benimm dich wie ein Erwachsener, halte es aus und schaue nach vorn. Du brauchst deinen Ex nicht in deiner Nähe. Du bist vor ihm mit deinem Leben klargekommen und du wirst das nach ihm tun. Vertraue mir. (Nach ein paar Monaten wirst du denken: »Wow, wie gut, dass er weg ist« – und das ist ein tolles Gefühl!)

Ach ja, wenn ich sage, dass du dich von deinem Ex fernhalten sollst, dann meine ich das in jeglicher Hinsicht. Wenn du ihn nicht mehr um Mitternacht anrufst, dafür aber ständig auf Instagram jeden seiner Schritte beobachtest, dann bist du nichts anderes als eine Stalkerin. Nicht gut! Das hilft dir nicht, von ihm loszukommen. Sperre oder lösche ihn auf deinen Accounts und höre auf, seinen Blog zu lesen, lösche alle Telefonnummern und die alten SMS und E-Mails, damit dich nichts mehr an ihn erinnert. Kümmere dich nicht darum, wie dein Ex sich fühlt, wenn du ihn blockierst, ignorierst oder all seine Spuren in den sozialen Medien löschst. Jetzt ist nicht die Zeit, einfühlsam zu sein. Mache es, wie es Nike propagiert: Just Do It. Danach wirst du dich besser fühlen.

Gib dir eine gewisse Trauerzeit, in der du so niedergeschlagen und miesepetrig sein darfst, wie du willst. Heule dir die Augen aus, lasse dich volllaufen, wenn dir danach sein sollte, und rede so lange von deinem Ex, bis dir die Zunge anschwillt. Was immer du tust, vergiss nicht, einen Zeitpunkt festzulegen, ab dem du das alles wieder sein lässt. Gehe durch deinen Kalender, und wähle einen Tag (ein Monat, zwei, drei oder auch sechs Monate von heute an) aus und trage dort fett geschrieben ein: »KOMM DRÜBER WEG!« Idealerweise geht es dir zu diesem Zeitpunkt so gut, dass du gar nicht mehr genau weißt, was damit eigentlich gemeint war. Der Punkt ist: Trauer und Selbstmitleid sind wichtig. Wenn du dir erlaubst, diese Gefühle auszuleben, bist du irgendwann so genervt von dir selber, dass du freiwillig zu neuen Ufern aufbrichst.

Was es sonst noch zu bedenken gibt:
♥ Verbringe viel Zeit mit deinen Freunden. Du wirst sie brauchen, um auf der Spur zu bleiben. Sie sorgen für Ablenkung und Entertainment. Sei nett zu ihnen und schone ihre Ohren ab und an mal, indem du dir den »Beziehungswahnsinn« in deinem Tagebuch von der Seele schreibst, anstatt ihnen nachts um vier Uhr Nachrichten auf der Mailbox zu hinterlassen.
♥ Sei auch gut zu dir selbst. Die Zeit nach der Trennung eignet sich hervorragend, um mit einem neuen Sportprogramm zu starten oder deine Ernährung umzustellen. Du kannst eine Weile auf Rotwein und Käse verzichten oder jeden Morgen Yoga machen. Das alles bringt dich auf andere Gedanken – und du fühlst dich sogar noch gut dabei.
♥ Schmiede keine Rachepläne, egal, wie fies dein Ex gewesen sein mag. Denke immer daran: All die Zeit und Energie, die

du mit negativen Gedanken verschwendest, könntest du auch in Sachen investieren, die dich glücklich machen. Dass du dein Leben liebst, ist die beste Rache!

❤ Finde ein Ventil für deinen Kummer, etwas, das dich beschäftigt. Besuche einen Kurs für Kreatives Schreiben oder melde dich für einen Burlesque-Workshop an. Das schafft einen Ausgleich und hält dich gleichzeitig vom Telefon fern, denn manchmal juckt es dich vielleicht, bei deinem Verflossenen anzurufen. Von daher ...

❤ Triff dich nicht mit deinem Ex, ohne dir das vorher genau zu überlegen. Ich weiß, das ist verführerisch, aber lasse die Finger davon. Und bei allem, was dir heilig ist, schlafe nicht mit ihm! Falls ihr wieder zusammenkommt, stehen die Chancen gut, dass die Gründe, weshalb du dich getrennt hast, immer noch da sind. Sex mit dem Ex – da begibst du dich auf ein Minenfeld. Auch wenn ihr euch einredet, dass das »nur Sex« ist, sind immer noch jede Menge Emotionen beteiligt, sodass mindestens einer von euch beiden darunter leidet. Die beste Nummer der Welt ist den Schlamassel nicht wert, den du am Ende ausbaden musst. Also lasse es lieber, brich den Kontakt ab und richte den Blick nach vorn.

❤ Denke zur Abwechslung mal einfach nur an dich. Man kann sich leicht in den Plänen des anderen oder in einer gemeinsamen Zukunft verlieren. Aber dadurch entfernst du dich von dir selbst und deinen eigenen Bedürfnissen. Du hörst deine Lieblingsband nicht mehr, weil dein Freund sie nicht leiden kann. Du gehst nicht mehr joggen, weil es so viel schöner ist, mit deinem Liebsten auf der Couch zu kuscheln ... Diese Liste lässt sich beliebig fortsetzen. Nimm dir die Zeit, wieder herauszufinden, wer du wirklich bist. Das macht Spaß – und ist sinnvoll verbrachte Zeit.

Eines darfst du bei all dem nicht vergessen: Auch wenn die Liebe Höhen und Tiefe hat, so ist sie doch etwas zutiefst Menschliches.

Das alles gehört dazu und macht uns Menschen aus. Ohne all diese zwischenmenschlichen Aktionen wäre unser Leben viel weniger spannend. Wo immer dich dein Liebesleben hinführen mag, wie wild oder zart es auch sein mag, entscheidend ist, dass du auf diesem Weg wertvolle Lektionen lernst und dich in die beste Version von dir selbst entwickelst. Natürlich wäre es schön, wenn alle Beziehungen gut gingen. Das ist aber nicht so. Meiner Ansicht nach kann man auch aus einer furchtbaren Partnerschaft etwas lernen. Oft machen uns die schrecklichsten Erlebnisse zu stärkeren und besseren Menschen. Es ist eben eine Frage der Einstellung.

Was immer dir im Namen der Liebe passiert – ich hoffe, du kannst deine Erfahrungen dazu nutzen, um auf dem schnellsten Weg in eine Zukunft zu gelangen, die glanzvoller und wunderbarer ist, als du es dir je vorgestellt hast. Immer daran denken: Traue dich, Risiken einzugehen und dein Herz für alles Neue zu öffnen!

*Einfach ausgedrückt
musst du erst mal in dich
selbst verliebt sein.
Bist du in der Lage, in den
Spiegel zu schauen,
einen Schmollmund zu ziehen,
dir mit einem Zwinkern
durchs Haar zu streichen
und dabei zu sagen:
»Babe, du bist göttlich!«?*

#RSLBOOK

HAUSAUFGABEN

💜 **ÜBERDENKE DEIN BEUTESCHEMA.**
Gibt es einen Typ, bei dem du immer wieder schwach wirst?
Fühlst du dich von Bad Boys oder Good Girls angezogen?
Zieht es dich zu Menschen, die dich nicht mit genügend Respekt behandeln? Dann ist es Zeit, in dich zu gehen und deine Muster zu hinterfragen.

💜 **MACHE EINE LISTE VON EIGENSCHAFTEN, DIE DU SUCHST.**
Was würde dein Leben bereichern und aufregender machen?
Lass dich nicht von Oberflächlichkeit leiten! Nimm dir Zeit: Es besteht keine Eile! Wenn du deine Beziehungsmuster überdenkst, stößt du vielleicht auf Eigenschaften, die du ganz sicher nicht mehr mit dem nächsten Partner erleben willst. Schreibe genau das Gegenteil davon auf deine Liste. War dein Ex ein Chaot, dann notiere dir »ruhig« oder »gut organisiert«. Immer schön positiv formulieren!

💜 **FÜHRE ECHTE UND AUFRICHTIGE GESPRÄCHE.**
Vielleicht bist du gerade nicht in einer Beziehung. Auch gut.
Du kannst mit deinen Freunden, Kollegen oder Familienmitgliedern üben, wie man die eigenen Bedürfnisse und Wünsche zum Ausdruck bringt. Lerne zu sagen, was du willst – und werde nicht ungeduldig, wenn es nicht sofort klappt. Die meisten Menschen brauchen ein bisschen Übung darin. Wenn du dich das nächste Mal über deinen Freund ärgerst, lasse dich auf ein Gespräch ein, statt so zu tun, als sei nichts. All diese Kommunikationstipps werden dir gute Dienste leisten, wenn die neue Liebe an die Tür klopft.

💜 **LASSE DIE FINGER VON SARKASMUS UND MACHTSPIELCHEN.**
So etwas führt nur zu Zankerei und übler Laune. Schließe einen Pakt mit dir selbst und sage nur das, was du wirklich

meinst. Das gilt gegenüber deinen Freunden, der Familie und deinem Partner.

❤ **STELLE DICH DEM LEBEN UND GENIESSE ES.**
Du wirst vielleicht nicht über Nacht deinen Traumpartner finden. Aber solange dein Leben voller Spaß und guter Freunde ist, macht das nichts. Die Liebe zeigt sich sowieso immer dann, wenn dein Leben gerade richtig gut läuft. Wer möchte schon jemanden daten, bei dem nichts los ist. Also, genieße dein Leben – egal ob du Single bist oder nicht!

KAPITEL 4

BEST FRIENDS FOREVER

Wie man Freundschaften frisch hält, Seelenverwandte findet und sich Heuchler und Fieslinge vom Leib hält

Nicht nur ein Eremit, der allein in einer Höhle lebt, oder ein Mensch, der seine Wohnung nicht mehr verlässt, kennt Einsamkeit. Viele Menschen fühlen sich allein, nur merken sie das oft gar nicht, weil die Einsamkeit so viele Gesichter hat. Fühlst du dich oft ausgeschlossen? Glaubst du, dass niemand dich versteht? Fällt es dir schwer, mit anderen über deine Gefühle zu reden? Dann kann es gut sein, dass auch du einsam bist.

Leider ist die Einsamkeit ein Phänomen unserer heutigen Zivilisation. Wir verbringen so viel Zeit vor dem Computer oder mit dem Smartphone, obwohl wir uns genauso gut mit Freunden treffen könnten. Im digitalen Zeitalter fehlen uns die tiefen und persönlichen Gespräche von Angesicht zu Angesicht, die in früheren Generationen ein fester Bestandteil des Lebens waren.

Am schwersten zu verdauen ist es, wenn man zu zweit einsam ist. Wir alle hätten gern, dass unser Partner allen unseren Wünschen entspricht, ein Meister der Konversation wie auch ein guter Zuhörer ist und möglichst viele unserer Interessen teilt. Allerdings ist das nur ganz selten der Fall! Es ist, gelinde ausgedrückt, verrückt, von einem anderen Menschen zu erwarten, dass er alle unsere Bedürfnisse und Träume erfüllt. Aus diesem Grund haben die meisten nicht bloß einen Freund, sondern mehrere. Wir treffen uns mit ihnen und fragen sie um Rat, weil jeder über andere Qualitäten verfügt.

Mit einigen meiner Freunde kann ich gut über Businessthemen reden, mit anderen unterhalte ich mich über spirituelle Themen, wieder andere sind meine sogenannten »Sexperten« und mit ein paar wenigen kann ich über alles reden. Das ist das großartige an Freunden: Sie bringen Vielfalt, Breite und Tiefe in unser Leben.

Paradoxerweise sind wir, wenn wir uns einsam fühlen, oft gar nicht allein. Denn vielen geht es genauso. Man muss deswegen nicht verzweifeln. Im Gegenteil: Es bedarf nur einer kleinen Veränderung in unserer Wahrnehmung und unseren Denkmustern, damit wir erkennen, dass die Welt eigentlich voll von Leuten ist, die uns das geben können, wonach wir uns sehnen. Wünschst du dir jemandem, mit dem du offen über deine Sexualität sprechen kannst? Möchtest du mit jemandem über Politik diskutieren? Suchst du nach einem weiblichen Vorbild oder einer Mentorin? Selbst wenn du nur mit jemandem zur Maniküre gehen oder SMS übers Wetter oder deine Outfits austauschen willst – da draußen gibt es jemanden, die diese Lücke füllen kann. Du musst ihn nur finden!

Die Vorstellung, neue Freunde zu suchen, klingt zugegebenermaßen etwas albern oder kindisch. Wie soll man als Erwachsener neue Freunde finden? Schwierig! Dabei muss das gar nicht sein! Eigentlich ist es genauso leicht, wie sich einem Fremden mit einem Lächeln zu nähern. Ich habe auf diese Weise viele Leute kennengelernt, obwohl ich die meisten meiner besten Freunde tatsächlich übers Internet getroffen habe.

Ja, ja, ich weiß, dass das jetzt etwas scheinheilig klingt, nachdem ich gerade darüber gesprochen habe, wie uns das digitale Zeitalter einsamer macht. Das stimmt auch – aber dennoch ist es ein großer Vorteil des Internets, dass sich Leute, die gut zusammenpassen, online tatsächlich finden können.

Bevor ich das Internet 1996 für mich entdeckt habe, kannte ich eigentlich nur die Mädels von meiner Schule. Ich ging auf eine private evangelisch-anglikanische Mädchenschule und, sagen wir mal so, ich passte da nicht wirklich hinein. Ich las in der letzten Reihe *American Psycho,* während die anderen sich über das nächste Wasserballturnier Gedanken machten. Und man kann sich die Seelenqualen vorstellen, die ich durchlitt, weil ich als echter Gothic-Fan in eine kratzende grüne Schuluniform eingezwängt war.

Sobald das Haus meiner Eltern mit einem, wenn auch langsamen Modem verdrahtet war, wandelte sich meine Weltsicht. Dank dieses Rettungsankers war ich sofort mit Leuten verbunden, die ähnliche Interessen wie ich hatten. Ich konnte nach den Sachen suchen, die ich liebte, und habe dabei viel dazugelernt.

117

Es war, als hätte man mir die Schlüssel fürs Himmelreich übergeben. Von dem Moment an fühlte ich mich wirklich frei.

Mein Interesse fürs Internet wandelte sich allerdings zu einer regelrechten Sucht. Es gab so viel zu lesen, zu lernen und zu entdecken. Da konnte keine Sitcom mithalten. Wenn ich nicht in der Schule war, dann war ich online auf der Suche nach Leuten, mit denen ich reden konnte. Diese Online-Freunde traten dann auch recht schnell in mein reales Leben. Ich stieß auf eine Gruppe von Leuten, alle um die zwanzig, die in meiner Stadt wohnten und all das mochten, was auch mir gefiel. Ich traf mich mit einem aus der Gruppe vor einem Coffeeshop und wurde in ihren Freundeskreis eingeladen.

Ich fand diese Menschen faszinierend, aber sie waren auch an mir interessiert und brachten mir neue Dinge bei. Sie wurden meine Vorbilder und Ratgeber. Es bedeutete mir viel, ältere Freunde zu haben, mit denen ich intelligente Gespräche führen konnte. Das gab mir ein gutes Gefühl. In ihrer Gegenwart kam ich mir nicht mehr wie ein Alien vor. Es fiel mir leichter, zu akzeptieren, dass ich anders war als andere. Mit der Zeit entfernte ich mich immer weiter von meinen Schulfreunden und verbrachte die Wochenenden mit meinen neuen Freunden.

Diese Menschen setzten die Messlatte für alles, was ich in den folgenden Jahren von sozialen Kontakten erwartete. Ich unterhielt mich lieber mit meinen Freunden als mich ins Koma zu saufen. Ich wünschte mir einen Freundeskreis aus lauter außergewöhnlichen Leuten, die – trotz eines unterschiedlichen Backgrounds – ein gewisser Hang zur Rebellion verbindet. Diese Einstellung habe ich im Laufe der Jahre beibehalten.

Die Begegnung mit diesen Menschen – online wie offline – zeigte mir, dass es keine Grenzen gab. Wir mussten nicht im selben Alter sein oder uns am selben Ort befinden, um uns zusammenzutun. Das machte mir klar, dass es noch etwas anderes gab als die Freundschaften, die sich aus Bequemlichkeit ergaben. Meine Freunde hatte ich mir selbst gesucht – und das ist bis heute so geblieben. Ich scheue mich immer weniger davor, Freundschaften in Tokio, London oder Minneapolis zu schließen, denn heute kann ich ja reisen, wohin ich will.

Ich habe festgestellt, dass ich Leute mag, die wie ich ein bisschen besessen vom Internet sind. Menschen, die so viel online sind wie ich, sind oft neugierig, kreativ, sie gehen bewusst miteinander um und leben nicht hinter dem Mond. Wenn du auch ein Internet-Freak bist, dann solltest du das Netz als fantastische Quelle für potenzielle neue Freundschaften betrachten.

FREUNDINNEN

Als ich noch jünger war, fühlte ich mich schlecht, wenn ich meinem Freund den Vorrang gab. Genau genommen hatte ich gar keine Freundinnen, was vermutlich auch nicht verwundert. Weil mein Freund zugleich mein bester Kumpel war, betrachtete ich seine Freunde auch als meine Freunde. Und die einzigen Frauen, die ich kennenlernte, waren die Dates seiner Freunde. Damals befand ich mich aber auch nicht auf der Suche nach einer guten Freundin. Deshalb war das alles okay für mich.

Als ich 2008 nach New York zog, veränderte sich das schlagartig. Ich hatte keinen Freund mehr, auf den ich mich verlassen konnte, und begann, auf eigene Faust neue Leute kennenzulernen. Ich traf eine Menge toller Frauen, die ein Business oder Blogs hatten – Frauen, die ihr eigenes Ding machten und ihr Leben ordentlich rockten. Es war wirklich inspirierend, all diese Frauen persönlich zu treffen. Und je älter ich werde, desto dankbarer bin ich, dass sie Teil meines Lebens geworden sind.

Heute ist es mir sehr wichtig, mir für meine Freundinnen Zeit zu nehmen. Ich fühle mich mit meinen Mädels wie in einem wunderbaren Hexenzirkel: Sie verstehen mich, sie lachen mit mir, sie geben mir Ratschläge und bauen mich auf, wenn ich es brauche.

Manche Frauen haben keine Freundinnen. Auch das ist okay, dennoch möchte ich dich ermutigen, falls das bei dir anklingt, auch nach ein paar Babes Ausschau zu halten, mit denen du deine Zeit verbringen kannst. Man hat uns beigebracht, andere Frauen als Konkurrenz zu sehen, anstatt sie als Wesen zu begreifen, die unser Leben bereichern können. Setze dich über diesen gesellschaftlichen Quatsch hinweg: Wir sind so viel stärker, wenn wir zusammenhalten!

※ ※ ※

NEUE FREUNDE FINDEN

Lasse dich nicht von der Überschrift dieses Kapitels abschrecken. Denke daran, dass du bereits von tollen Leuten umgeben bist und es deshalb keinen Grund gibt, mit irgendwelchen Freaks Freundschaft zu schließen. Würdest du eine Liste mit allen Leuten machen, die du schon kennst – Verwandte, ehemalige und jetzige Kollegen, Freunde der Familie, Mitglieder irgendwelcher Gruppen, zu denen du gehörst, alte Schulfreunde und deren Familien etc. –, wärst du wahrscheinlich ziemlich erstaunt, wie groß dein soziales Netz bereits ist.

Wie heißt es so schön: Man sollte ein Buch nicht nach seinem Cover beurteilen. Wer die richtigen Fragen stellt, entdeckt in jedem Menschen etwas Besonderes. Wenn du in den Pool aus Leuten eintauchen willst, die du bereits kennst, musst du nur zum Handy greifen oder ein paar E-Mails schreiben.

Ich habe schon an den unwahrscheinlichsten Plätzen neue Leute kennengelernt. Als ich noch in Neuseeland wohnte, habe ich mal auf eine Anzeige geantwortet, in der jemand aus den USA einen Begleiter für Urlaubsausflüge suchte. Es ergaben sich auch schon Freundschaften während eines Dinners in Las Vegas. Ich habe faszinierende Gespräche mit Menschen im Flugzeug geführt und im Internet Mädels getroffen, die mir Jahre später beistanden, als ich Liebeskummer hatte. In vielerlei Hinsicht bekommst du von Freundschaften, was du hineinsteckst: Du musst dich engagieren und für Neues offen bleiben.

Im Grunde genommen ist es genauso einfach, neue Freunde kennenzulernen wie mit einem Fremden ins Gespräch zu kommen. Hier kommen ein paar Tipps, die die Sache etwas einfacher machen.

Bitte lächeln

Ich weiß, das klingt seltsam, aber mache es einfach. Lächle den Leuten zu, an denen du auf der Straße vorbeigehst, denen du im Fahrstuhl oder im Restaurant begegnest. Du wirst feststellen, dass die meisten Menschen tatsächlich positiv darauf reagieren. (Und die, bei denen das nicht der Fall ist, haben wahrscheinlich nur einen schlechten Tag. Also nicht persönlich nehmen!) Wenn du lächelst, fühlst du dich gut – und du trainierst zugleich dein soziales Verhalten. Auf diese Weise kommst du aus deiner Komfortzone heraus und das ist wichtig, wenn man neue Leute kennenlernen will.

»Hallo« sagen

Das ist wie eine Art Zusatzprogramm zum Lächeln, bei dem auch noch deine Stimme zum Einsatz kommt. Auch hier gilt wieder: Du wirst feststellen, dass viele Menschen das »Hallo« erwidern und einige sogar ein Gespräch anfangen.

Komplimente machen

Jeder mag ehrlich gemeinte Komplimente. Es macht sogar richtig Spaß, das zu üben, weil du damit deine Fähigkeit schulst, das Positive an anderen zu sehen, vor allem bei Menschen, mit denen du vielleicht nicht viel gemeinsam hast. Mach deinem Gegenüber ein Kompliment zu ihrem hübschen Rock oder seinen coolen Schuhen. Wenn dir das gut über die Lippen kommt, gehst du einen Schritt weiter und sagst etwas Nettes über die Persönlichkeit des Menschen. Mit einem Kompliment kannst du alles erreichen, heißt es. Du wirst sehen, dass das stimmt.

Runter mit dem Kopfhörer!

Auch wenn ich weiß, wie herrlich es ist, mit dem eigenen Soundtrack im Ohr durch die Stadt zu laufen, ist das nicht gerade ideal, um neue Menschen kennenzulernen. Egal, ob du im Supermarkt, im Fitnesscenter oder in der Bibliothek bist, es wird dich keiner ansprechen, weil du unnahbar wirkst. Mit Kopfhörern siehst du aus, als wärst du in deiner eigenen kleinen Welt und würdest niemanden brauchen. Dabei kannst du dich vielleicht bloß gerade nicht an dem coolen Sound satt hören, der dein Gehirn beschallt – glaube mir, ich kann das verstehen. Ich bin auch ein totaler Musikfreak. Das Problem ist nur, dass andere das nicht wissen. Sie finden dich womöglich interessant, wollen dich aber nicht stören, weil du Kopfhörer aufhast. Und so verpasst du vielleicht ein paar tolle Chancen!

Einen Bogen um Bars machen

Bars sind nicht der ideale Ort, um neue Leute zu treffen. Für eine schnelle Bekanntschaft mag es noch gehen, aber nicht, wenn man auf der Suche nach potenziellen neuen Freunden ist. Das einzige, was die Menschen in einer Bar gemeinsam haben, ist, dass sie etwas trinken wollen. Und wenn das nicht deine Lieblingsbeschäftigung ist, schaue dich lieber woanders um. Die Wahrscheinlichkeit, dass du in einer Bar neben jemandem stehst, der tatsächlich ähnliche Interessen hat wie du, ist ziemlich gering. Du musst dir also keine Sorgen machen, wenn das bisher nicht geklappt hat.

Eine Anzeige aufgeben

Das mag jetzt etwas merkwürdig klingen, aber ich spreche aus Erfahrung, wenn ich sage, dass das Spaß macht und einen Versuch wert ist. Vor Jahren hatte ich nach einer Trennung einen echten Mangel an Freunden. Ich beschloss, eine Anzeige in einer Zeitung aufzugeben, die eine Rubrik »Suche Freunde« hatte. Ganz genau kann ich mich nicht mehr an den Text erinnern, aber er lautete ungefähr so: »22-jähriges Enfant terrible liebt Picknicks und sucht neue Bekanntschaften.« Und dann habe ich auch noch geschrieben, dass mein Lieblingsbuch *Lolita* sei. (Du kannst dir vorstellen, was für Typen sich da gemeldet haben.) Ich hatte ein paar echt interessante Nachrichten auf meinem Anrufbeantworter.

Heute kannst du solche Anzeigen natürlich auch online hochladen, aber irgendwie hat die gedruckte Form doch etwas, oder? In jedem Fall ist es spannend, Leute außerhalb deines sozialen Umfeldes kennenzulernen.

Vergiss nie, dass die meisten Menschen einfach gestrickt sind

Wir alle wollen gemocht werden. Selbst wenn jemand blödes Zeug daherredet, steckt vielleicht doch ein Kern Wahrheit in seinen Worten. Diese Einstellung macht die Unterhaltung so viel einfacher. Außerdem übst du dich darin, die Standpunkte anderer Menschen zu sehen.

Vergiss einfach nie, dass alle Menschen akzeptiert und gemocht werden wollen. Sie möchten sich als etwas Besonderes fühlen. Wenn du dich wirklich auf andere einlässt – Augenkontakt ist dabei ebenso wichtig wie wirklich präsent zu sein –, werden sie dir das hoch anrechnen. Du findest weitere Anregungen dazu im Kapitel »Verhaltenstipps für das Babe von heute«.

Die Welt ist voller Leute, die etwas Wundervolles zu geben

haben, auch wenn du das nicht sofort entdecken kannst. Es ist die Anstrengung wert, sich auf neue Menschen einzulassen. Man weiß nie, was sich daraus entwickelt. Wir sollten eigentlich dankbar sein, wenn andere ihre Zeit mit uns verbringen und uns kennenlernen wollen. Solange sie dir ein gutes Gefühl geben, bist du auf dem richtigen Weg.

✳ ✳ ✳

WIE MAN FREUNDSCHAFTEN AUFRECHTERHÄLT

Woody Allen hat mal gesagt, dass 80 Prozent des Erfolges ausmachen, einfach dabei zu sein. Wenn das stimmt, dann machen 80 Prozent der Beziehungspflege aus, in Kontakt zu bleiben.

Freundschaften brauchen immer wieder eine Auffrischung. Man kann keine Beziehung aufrechterhalten, wenn man sich nur ab und zu sieht. Das klappt einfach nicht. Die Menschen sind so busy, da ist es mehr als verständlich, dass man vom Radar verschwindet, wenn man sich nicht meldet. Das kann frustrierend sein, aber du kannst das vermeiden.

Einer meiner Freunde nimmt sich tatsächlich jeden Sonntag Zeit, um sich mit seinen Kumpels auszutauschen. Er macht das normalerweise per E-Mail. Nicht nur weil es einfach ist, sondern auch, weil er das in Keith Ferrazzis Buch *Geh nie alleine essen! Und andere Geheimnisse rund um Networking und Erfolg* gelesen hat. Der Autor beschreibt darin das sogenannte Prinzip des »Klingelns«.

Die Idee dahinter ist ganz einfach: Wenn du dir schon die Mühe machst, dich mit Menschen zu treffen, dann solltest du auch Kontakt halten. Wir begegnen täglich so vielen Leuten, dass uns nur wenige im Gedächtnis bleiben – es sei denn, sie machen etwas anders als der Rest. Das »Klingeln« kommt eigentlich aus dem Businessbereich, es lohnt sich aber, diese Praxis auch auf den Freundes- und Bekanntenkreis auszuweiten. Eine E-Mail alle vier bis acht Wochen ist vollkommen ausreichend und wird auf Gegenliebe stoßen, denn du willst ja nicht das Postfach deiner Freunde sprengen. Es wäre schön, wenn alle das täten. Aber weil dem nicht so ist, musst du die Dinge am Laufen halten. Plane ein Essen oder rufe einfach nur an, um Hallo zu sagen. Was könnt ihr zusammen unternehmen? Was macht euch Spaß? Meine Freunde sind auch ein vielbeschäftigter Haufen, aber dennoch ist es nicht schwer, in Kontakt zu bleiben. Wir schreiben uns E-Mails, fragen uns gegenseitig um Rat, organisieren Ausflüge und gemeinsame Urlaube, oder hecken verrückte Pläne aus. Du musst dazu keine langen Aufsätze schreiben, es reicht eine Mail mit dem Satz »Hier, schau mal, ich dachte, das Kleid könnte dir gefallen« und dem Link zu dem entsprechenden Onlineshop. Damit zeigst du ihnen, dass du an sie denkst, und sorgst für neuen Gesprächsstoff. Schließlich sollte der Kontakt Spaß machen. Warum seid ihr sonst befreundet?

Ein kleine Anmerkung: Falls du eine Freundschaft trotz deines Bemühens als einseitig empfindest, dann sprich darüber mit demjenigen. Manch einer ist vergesslich und muß daran erinnert werden, dass man sich für Freunde Zeit nehmen muss. Solltest das deinem Gegenüber egal sein, weißt du wenigstens, woran du bist, und ihr könnt getrennte Wege gehen. Auch wenn das wehtut, schafft es zumindest Klarheit. Hast du erst mal »aufgeräumt«, hast du Platz für neue tolle Menschen.

Auch wenn unser Leben oft so hektisch ist, dass wir manchmal kaum zum Durchatmen kommen, ist es wichtig, sich Zeit für sie freizuschaufeln. Fakt ist: Wenn dir deine Freunde wichtig sind, dann hast du auch Zeit für sie. Tust du das nicht, werden sie irgendwann von der Bildfläche verschwinden. Traurig, aber wahr! Wir würden alle gern glauben, dass man uns immer verzeiht, weil wir so toll und wunderbar sind, aber das ist nur selten der Fall. Auch Freunde haben Gefühle; und wenn du sie ein paar Mal zurückweist, werden sie sich anderen Leuten zuwenden. So ist das in allen Beziehungen: Ist der Glanz des Neuen verflogen, muss man daran arbeiten, dass die Magie erhalten bleibt.

✳ ✳ ✳

WAS SOLLEN WIR UNTERNEHMEN?

Na alles, was ihr wollt!

Menschen lieben die Gewohnheit und Wiederholungen. Deshalb gehen viele von uns immer in dieselben Restaurants und bestellen immer das Gleiche. Das gilt auch für die Freizeitgestaltung mit Freunden. Wie oft kann man sich mit denselben Leuten in derselben Bar treffen, ohne dass einen das anödet?

Ich persönlich bin schnell gelangweilt. Ich bin ein kreativer und – ganz wichtig – ein proaktiver Typ. Ich kann nicht einfach rumsitzen und darauf warten, dass irgendwer etwas Cooles vorschlägt, denn das wird im Zweifelsfall nicht passieren. Ich muss mir schon selber was Tolles ausdenken und es dann auch tun. Hast du erst mal angefangen, so zu sein, macht dich das regelrecht süchtig und bringt jede Menge Spaß und Abenteuer in dein Leben.

Schlage deinen Freunden doch einfach mal ein paar ungewöhnliche Unternehmungen vor – und dann legt ihr los.

Organisiert eine Party. Meldet euch zu einem Malkurs an. Folgt süßen Typen auf Schritt und Tritt. Bastelt zusammen Moodboards, um euch zu inspirieren. (Ihr braucht dazu: eine Pinnwand, Nadeln, alte Magazine – und Kaffee!) Veranstaltet ein Picknick. Geht in den Botanischen Garten. Backt euch gegenseitig Kuchen. Zieht euch eine Marathonsession eurer Lieblingsserie rein. Entdeckt die Stadt mit der Kamera. Zieht euch verrückt an und geht so in den Supermarkt. Spielt Tennis und tut so, als wärt ihr Adlige. Macht eine Bootstour. Geht einmal pro Woche ins Museum. Stellt euch mit einem »Kostenlose Umarmung«-Schild um den Hals in die Fußgängerzone. Schmeißt einmal im Monat eine Party für eure Clique. Plant einen Roadtrip zu einer Sehenswürdigkeit. Geht auf Reisen. Macht eine Kreuzfahrt. Bringt euch gegenseitig bei, wie man eure Lieblingsgerichte kocht. Veranstaltet alle paar Wochen Kochabende. Genießt Cocktails im Sonnenschein. Bietet euch irgendwo als ehrenamtliche Helfer an. Tauscht Klamotten. Eröffnet einen Lesezirkel. Schreibt euch Briefe. Geht in einen Freizeitpark. Macht alberne Fotos im Fotoautomaten. Erstellt einen YouTube-Kanal. Schreibt einen Blog über eure Abenteuer. Baut Sandburgen. Spielt Minigolf. Bringt euch bei, wie man Absinth mixt. Geht auf ein Festival. Nehmt an einem Vorsprechen für ein Theaterstück teil. Meldet euch zum Tanzunterricht an. Macht eine Pyjamaparty. Schaut euch alte Fotos an und lacht euch dabei schlapp. Lest euch gegenseitig alte Tagebucheinträge vor. Macht auf Touristen in eurer Heimatstadt. Geht shoppen. Gönnt euch eine Pediküre. Backt einen Kuchen in einer ungewöhnlichen Form, schreibt obszöne Sachen drauf und verschenkt euer Werk. Klettert auf Bäume oder aufs Dach! Tanzt den ganzen Tag. Umarmt euch, wenn es nicht so gut läuft. Verschenkt Blumen an Fremde. Spielt Himmel und Hölle. Malt Kreidebilder auf den Gehsteig. Verschönert eure Nachbarschaft mit ein paar Glamourbombs. Pustet Seifenblasen in der Fußgängerzone. Versteckt geheime Botschaften in Büchern der öffentlichen Bibliothek. Lest euch gegenseitig aus der Hand. Tragt abgefahrene Hüte. Esst den ganzen Tag Süßkram. Fahrt mit dem Karussell. Macht Yoga. Geht zusammen in einen Goldschmiedekurs. Färbt euch gegenseitig die Haare. Lasst euch Tattoos machen. Esst Wassermelonen ...

Du verstehst, was ich meine!

SICH ÄRGERN UND STREITEN

Mit Freunden so richtig in Streit zu geraten, ist furchtbar. Vor allem, wenn man merkt, dass sich die Sache zu einem richtigen Ärger auswächst, so dass es nicht leicht wird, das wieder gerade zu bügeln. Dieses Gefühl wünsche ich keinem. Jeder Mensch geht anders mit Konflikten um. Manche vermeiden sie schlichtweg, andere wollen sie sofort lösen. Das kommt immer darauf an, wie du gestrickt bist. Was du tust, ist jedoch ausschlaggebend dafür, wie sich deine Freundschaften entwickeln. Bist du beispielsweise genervt, weil deine Freundin etwas sehr Unsensibles gesagt hat, dann solltest du das ansprechen. Tust du das nicht, macht sie vielleicht so lange weiter, bis du eines Tages ausrastest. Das ist kein gutes Rezept für eine glückliche Beziehung.

Meine Freundin Gabrielle Bernstein sagt: »Habe keine Angst vor Konflikten. Du kannst sie auch als Möglichkeit sehen, um Klarheit zu gewinnen.« Wenn wir Unstimmigkeiten so begegnen, werden sie zu einem Fenster zur Erleuchtung. Dann helfen sie euch, einander näher zu kommen.

Ich für meinen Teil bin immer auf Versöhnung aus. Selbst wenn ich glaube, dass der Andere zu 100 Prozent Unrecht hat, bin ich oft diejenige, die den Ölzweig reicht. Streit und böses Blut ziehen mich runter, deshalb setze ich alles daran, dass wieder Frieden herrscht. Das soll nicht heißen, dass ich die Rolle der ständigen Friedensstifterin toll finde, aber das Gefühl, die Dinge geklärt zu haben, ist die Sache wert.

Wenn du in einem Konflikt steckst, kannst du dich fragen: Ist es mir wichtiger, Recht zu behalten oder meine Freundschaft zu erhalten? Mir ist die Freundschaft immer mehr wert, ich sehe keinen Sinn darin, dass mir mein Stolz (im Recht zu sein) in die Quere kommt. Sich am Ärger festzubeißen ist körperlich und emotional ungesund. Ich suche lieber die Aussprache und kämpfe mich durch das Problem, um eine Lösung zu finden, als komplett dicht zu machen und mich in mein Schneckenhaus zu verziehen und bereits bei dem Gedanken an den Streit innerlich vor Wut zu platzen.

Das Leben ist einfach zu kurz für Ärger und Groll. Warum? Wozu? Nachtragend zu sein ist, als würde man Gift trinken. Der Komiker Buddy Hackett hat mal gesagt: »Ich hatte natürlich auch Streit mit Leuten, aber ich war nie nachtragend. Wisst ihr, warum nicht? Während ihr euch ärgert, gehen die anderen tanzen und haben Spaß!« Bingo! Besser hätte ich es nicht ausdrücken können. Meistens wissen die anderen gar nicht, warum du dich ärgerst. Sie machen einfach weiter wie immer, ohne sich bewusst zu sein, wie zerknirscht du bist. Sich an Ärger zu klammern hat etwas mit deinem Ego zu tun – und ist vor allem eine riesige Zeit- und Energieverschwendung. In der Zeit könntest du einen leckeren Kuchen backen, oder?

Wenn einer deiner Freunde etwas wirklich Unverzeihliches getan hat, dann würde ich dich gerne dazu ermutigen, sie oder ihn aus deinem Leben zu streichen. Geht es jedoch bloß um etwas Unwichtiges oder um ein Missverständnis, dann fahre dein Ego zurück. Es gibt kein »richtig« oder »falsch«, nur zwei Menschen, die sich miteinander zoffen.

Wenn jemand deine Gefühle verletzt hat, willst du diese Person vielleicht eine Weile nicht mehr sehen. Diese Funkstille jedoch endlos auszudehnen, ergibt keinen Sinn. Sobald du soweit bist, kannst du dich wieder melden und sagen, dass dir der Streit leidtut und dir eure Freundschaft wichtiger ist als ein blödes Missverständnis. Zeig dem Betreffenden ehrlich, dass du ihn gern hast. Dann wird hoffentlich alles wieder ins Lot kommen.

ECHTE FREUNDSCHAFTSKILLER

Neid und Konkurrenz
Warum? Weil es nichts Furchtbareres gibt, als dass ein Freund kein echtes Interesse an dir hat, sondern misstrauisch ist oder sich insgeheim wünscht, dass du nicht so toll wärst.

Wie man das wieder hinbekommt: Am besten akzeptierest du, dass du selber auch toll bist. Trainiere die Radikale Selbstliebe. Beim ewigen Vergleichen gibt es keine Gewinner. Niemand kann aus seiner Haut, deshalb müssen wir zufrieden mit uns selbst sein. Auch mit Ehrlichkeit kommst du weiter, indem du dich nicht davor scheust, dem anderen Menschen zu sagen, wie du dich fühlst. Ehrlichkeit ist immer der beste Weg.

Dauernd zu spät kommen
Warum? Weil es zeigt, dass du die Zeit des anderen nicht zu schätzen weißt.

Wie man das wieder hinbekommt: Entscheide dich ernsthaft dafür, ab jetzt nicht mehr zu spät zu kommen. Als ich nach Manhattan kam, habe ich immer wieder unterschätzt, wie lange man von A nach B braucht. Dadurch kam ich öfter zu spät als ich überhaupt aufzählen kann. Deshalb war damals einer meiner Neujahrvorsätze, bei jeder Verabredung frühzeitig zu erscheinen. Das Motto lautet: Richtig planen und früher losgehen. Das schafft jeder. Du musst dich nur entscheiden, es zu machen.

Verabredungen absagen
Warum? Weil das wie im obigen Beispiel zeigt, dass du die Zeit des anderen nicht wertschätzt. Da kommt man schnell auf die Idee, dass man nur zweite Wahl ist ...

Wie man das wieder hinbekommt: Sage keine Verabredung zu, die du nicht einhalten kannst! Viele von uns arbeiten sehr viel, und manchmal will man, kaum hat man es sich mal gemütlich gemacht, gar nicht mehr aus dem Haus. Wenn du unter der Woche nicht gern abends ausgehst, kannst du dich auch zu Lunchdates verabreden. Finde heraus, wann du deine Freunde am liebsten triffst, und plane dementsprechend.

Nicht auf Anrufe, E-Mails oder SMS antworten
Warum? Weil sich Freunde dadurch unwichtig und zurückgewiesen fühlen, so, als würdest du dich nicht für sie interessieren. Wie man das wieder hinbekommt: Das ist leicht – mache es einfach! Lege dir einen Notizblock neben den Anrufbeantworter und notiere dir, wen du alles zurückrufen musst, falls du es dir nicht merken kannst.

Unehrlichkeit
Warum? Das ist selbstredend, oder?
Wie man das wieder hinbekommt: Fange einfach damit an, die Wahrheit zu sagen. Einige Menschen greifen ständig zu Notlügen, weil sie mit so etwas aufgewachsen sind. Deshalb ist es aber noch lange nicht okay. Sei einfach ehrlich. Wenn dir das schwerfällt, dann schaue dir mal die Gründe genauer an, die dich veranlassen zu lügen. Hast du Angst, die Wahrheit zu sagen oder gibt es einen anderen Grund? Ein wenig Selbstreflexion kann hier Wunder bewirken. Falls dich deine Erkenntnisse durcheinanderbringen oder erschrecken, kannst du überlegen, ob du Hilfe bei einem Therapeuten suchst. Dafür sind Experten da.

Jammern, Klagen und Negativität
Warum? Weil es die Stimmung aller Leute um dich herum runterzieht und dir den Ruf einbringt, ein Energievampir zu sein.
Wie man das wieder hinbekommt: Sollten dir die Menschen in deinem Umfeld häufiger sagen, dass du dich gern beklagst, dann nimm das als Ansporn, um zu wachsen und dich positiv zu verändern. Viele von uns jammern und meckern, ohne dass wir das merken. Und nicht nur das: Manche habe die Erfahrung ge-

macht, dass Klagen verbindet. Höre dir einfach mal selbst zu, wenn du redest und achte darauf, wie du das, was du sagen möchtest, rüberbringst. Mit der positiven Kommunikation verhält es sich wie mit alten Gewohnheiten: Sobald du dir der Sache bewusst wirst, kannst du über Wege nachdenken, um dein Verhalten zu ändern. Bitte eine gute Freundin, dir dabei zu helfen oder halte deine Fortschritte in einem Tagebuch fest. Glaube mir, es lohnt sich, daran zu arbeiten!

FREUNDSCHAFTEN BEENDEN

Manchmal kommen wir nach reiflicher Überlegung zu der erschreckenden Erkenntnis, dass wir einige unserer Freunde nicht mehr mögen. Falls du gerade in dieser Phase bist, mache dich deswegen nicht fertig. Es ist eigentlich recht einfach, Freundschaften mit negativ eingestellten oder langweiligen Leuten abzubrechen – besonders, wenn man unter oder um die 20 ist. In dieser Zeit sind wir fast alle recht unsicher und lassen deshalb viele Leute in unseren engeren Kreis. Das ist insofern schwierig, als dass Trübsal Gesellschaft liebt. Leute, die schlecht drauf sind, tun nichts lieber, als andere zu sich runterzuziehen. Wenn du etwas aus deinem Leben machen willst, dann brauchst du keinen Trauertrupp um dich herum, der dir das Leben schwer macht.

Die Menschen, die uns umgeben, formen unsere Persönlichkeit mit. Wenn du also viele Freunde hast, die unter Essstörungen leiden, erhöht sich die Wahrscheinlichkeit, dass sich deine Essgewohnheiten auch dahingehend entwickeln. Wenn dein Freund dauernd beim Autofahren flucht, wirst du das vielleicht auch machen. Und wenn deine beste Freundin Männer hasst, dann dauert es vielleicht nicht lange, bis du ihrer Meinung bist.

An diesem Phänomen ist die Evolution schuld. Wie die Affen

werden auch wir Menschen beim Lernen von Spiegelneuronen gesteuert: Wir beobachten und imitieren unsere Umgebung. Spiegelneuronen sind ein notwendiger Baustein in unserem evolutionären Überlebensprogramm, sie sind im Verborgenen immer aktiv.

Auch wenn du nicht so werden willst wie dein Umfeld – falls deine Mutter unglücklich, deine Freundin gemeingefährlich und dein Kumpel ein Frauenhasser ist –, wirst du ihr Verhalten über kurz oder lang nachahmen. Möchtest du das vermeiden, solltest du dich von solchen Menschen fernhalten.

Ich bin in diesem Punkt eine Expertin, weil ich früher mal Teil einer Gruppe von Leuten war, die alle schlecht drauf waren. Meine Freunde und ich hassten unser Leben. Alles, was wir erlebten, war für uns ein Beweis dafür, dass die Welt scheiße war. Wir hingen in einer Negativbestätigungsfalle fest. Damals dachte ich allerdings auch, dass es mich »interessanter« macht, nicht zu essen, traurig zu sein und dauernd irgendein Drama im Leben zu verursachen. Glückliche Menschen hielt ich für dumm und nervig. (Das war in Wirklichkeit natürlich nur fehlgeleiteter Neid!) Meine Freunde und ich wollten einfach nicht »normal«, sondern verdammt noch mal anders sein. Und dafür waren wir sogar bereit zu leiden.

Glücklicherweise kam ich irgendwann von dieser Gruppe los und lernte, meine eigenen Fehler zu machen. Ein glücklicher Mensch ist nicht zwangsläufig normal – tatsächlich sind die Glücklichen in der Minderheit. Es ist leicht, frustriert die Hände vors Gesicht zu schlagen, alles zu dramatisieren und ein Miesepeter zu sein. Aber seien wir doch ehrlich: Wem macht es schon Spaß, von Nörglern umgeben zu sein? Das ist totlangweilig und deshalb ein echtes Verbrechen!

Angenommen, die Lieblingsbeschäftigung deiner besten Freundin besteht darin, andere zu bewerten, und du fängst schon an, genauso zu sein. Dann klingt ein typischer Dialog zwischen euch etwa so:

Deine Freundin: »Oh mein Gott, schau dir die mal an. Die ist ja voll eklig. Wenn ich so aussehen würde, ich würde nicht aus dem Haus gehen.«

Du: »Aber echt. Wir sehen viel besser aus!«

Erinnerst du dich daran, dass wir das Verhalten der anderen nicht ändern können, sondern nur die Art, wie wir darauf reagieren? Wenn du also damit aufhörst, dein Freunde in ihrem Verhalten zu bestärken, dann hören sie vielleicht auch damit auf, so zu reden und zu denken. Statt dich also darauf einzulassen, könntest du das Thema wechseln oder deinen Freunden sagen, dass abfällige Bemerkungen über andere fad und gemein sind und du lieber positiv bist. Deine Freunde werden schnell mitbekommen, dass sie solche Gespräche wie oben nicht mehr mit dir führen können. Dann ändern sie ihr Verhalten entweder oder sie halten sich mit ihrem Klatsch und Tratsch an andere. Das ist ein bisschen wie mit einem Kleinkind, das einen Wutausbruch hat. Wenn man es ignoriert, hört es damit auf oder heult bei jemand anderem.

Es ist außerdem hilfreich, klare Grenzen zu ziehen. Wenn du weiterhin befreundet bleiben willst, dann denke daran, dass die anderen sich nicht ändern werden, solange sie es nicht selbst wollen. Wenn deine Freundin mal wieder negativ ist, dann sage ihr klar und deutlich, dass du das nicht mehr hören willst. Vielleicht respektiert sie dich dafür, dass du das sagst, vielleicht auch nicht. Wenn ja, ist das natürlich toll. Eins zu null für dich! Wenn nicht, dann wird sie sich ohnehin von dir abwenden. So oder so – eine Win-win-Situation.

Wir müssen anderen Menschen zeigen, wie sie uns behandeln sollen. Deshalb solltest du keine Angst davor haben, deinen Freunden zu sagen, wenn ihr Verhalten für dich nicht akzeptabel ist.

Eine andere Möglichkeit ist natürlich, den Kontakt völlig abzubrechen. Unter extremen Umständen ist das wohl das Beste. Dann höre lieber auf, ihre E-Mails und Blogs zu lesen, lösche die

Telefonnummern und blockiere sie in den sozialen Netzwerken. Das ist kalter Entzug, Baby. Aber manchmal der einzige Weg, um sich zu befreien.

✳ ✳ ✳

BESTE FREUNDE 2.0

Die meisten Freundschaften vertiefen sich über die Monate und Jahre. Wenn man zusammen in den Urlaub fährt, gemeinsam ein Geschäft aufzieht oder einfach nur in sehr wichtigen Momenten des Lebens füreinander da ist, geschieht das sogar noch schneller. Es kann aber auch sein, dass du schon seit Jahren mit jemandem befreundet bist und überhaupt keine richtige Nähe entstanden ist.

Das liegt vielleicht daran, dass ihr euch eure verletzbare Seite noch nicht gezeigt habt. Wenn man nicht miteinander teilt, was wirklich in einem vorgeht, dann kann die Freundschaft nicht wachsen, dann wird sie immer an der Oberfläche plätschern. Manchmal ist das auch okay, du musst ja nicht mit jedem deine tiefsten und dunkelsten Geheimnisse teilen. Aber wenn du jemandem näherkommen willst, musst du dich öffnen und weicher werden, damit der andere näherrücken kann. Das Leben besteht nicht nur aus Angeberei, Sauftouren und Klatsch über die jüngsten Eroberungen. Man muss auch über seine Unsicherheiten, Hoffnungen, Sorgen, Träume und Ängste reden können.

Ehrlichkeit ist dabei elementar. Wenn du deinen Freunden nicht die Wahrheit sagen kannst, was für einen Sinn hat die Freundschaft dann? Wir brauchen keine Arschkriecher oder Leute um uns, die unnötigerweise unser Ego aufplustern, ohne uns zu sagen, was sie wirklich denken. Ich hätte lieber einen ehrlichen Feind als einen Pseudofreund, der ein doppeltes Spiel spielt.

Natürlich ist es manchmal schwer, die Wahrheit zu sagen. Vor Jahren hat mir eine Freundin völlig aus dem Nichts heraus gesagt, dass sie verlobt sei und eine Woche später heiraten würde. Ich freute mich für sie, war aber auch etwas besorgt, weil sie den Typen erst wenige Monate kannte und gerade eine sehr unschöne Trennung hinter sich hatte.

Deshalb wusste ich nicht so recht, wie ich darauf reagieren sollte. Für mich ist das wichtigste Geschenk in einer Freundschaft die Ehrlichkeit. Ich bin nicht eine von den Freundinnen, die sagen: »Kauf das Kleid!«, wenn es eindeutig zu eng an den Hüften ist. Also habe ich lange über meine Antwort nachgedacht.

Mein damaliger Freund meinte: »Sag ihr einfach, dass sie verrückt ist!« Und genau das hätte er auch gesagt, wenn einer seiner Freunde mit so einer Sache gekommen wäre. Aber das ist nicht mein Stil! Ich wollte meiner Freundin sagen, wie ich fühlte, ohne nachts mit einem schlechten Gewissen wach zu liegen. Ich wollte das Richtige tun und sie nicht vor den Kopf stoßen. Also habe ich ihr einen Brief aus meiner Perspektive geschrieben, der meine Gedanken zum Thema Ehe enthielt. Denn wer bin ich, dass ich ihr Tipps zu ihrer Beziehung geben könnte?

Ich schrieb ihr, dass ich einerseits begeistert sei und ihre Freude gut verstehen könnte. Ich erzählte ihr, dass ich meinen Freund auch heiraten wollte, aber irgendwann gemerkt hätte, dass gar keine Eile bestand. Ich sagte ihr, wie wichtig es sei, dass die Beziehung ein starkes Fundament hätte, und dass es einiges in Betracht zu ziehen gäbe, bevor man sich bis ans Lebensende zusammentat. Ich sagte meiner Freundin, dass ich sie liebte und ihr immer beistehen würde, aber auch, dass eine Scheidung nicht der Hit wäre und sie den Mann an ihrer Seite erst einmal richtig kennenlernen sollte, bevor sie mit ihm in den Hafen der Ehe segelte. Ich wollte ihr weder die Stimmung verhageln, noch ihre Träume zum Platzen bringen. Aber ich wollte zum Ausdruck bringen, dass es keinen Grund zur Eile gab.

Unruhig wartete ich auf ihre Antwort. Mir war klar, dass sie sich angegriffen fühlen konnte, immerhin hatte sie mich nicht um meine Meinung gebeten. Ich war mir nicht sicher, ob sie vielleicht sagen würde, dass ich mich lieber um meine eigenen Angelegenheiten kümmern sollte. Glücklicherweise hat sie das nicht gemacht. Sie antwortete mir, sie sei dankbar für meine Ehrlichkeit, die sie sehr berührt habe. Sie fühlte sich nicht angegriffen von meinem Brief und war froh, eine Freundin zu haben, die bereit war, ihre Sicht der Dinge auszusprechen.

Natürlich hat sie den Mann geheiratet und die beiden sind heute noch zusammen ... Du siehst also: Was weiß ich schon?!

Die Ehrlichkeit ist jedenfalls einer der Gründe, warum ich immer noch mit dieser Freundin eng verbunden bin. Wir sind beide aufrichtig zueinander und nehmen kein Blatt vor den Mund. Wir akzeptieren aber auch unsere unterschiedlichen Meinungen zu den Dingen. Echte Freundschaften sind geprägt von Aufrichtigkeit, Taktgefühlt, Respekt und natürlich auch von Gemeinsamkeiten. Viele Menschen verlieren sich aus den Augen, weil sich ihre Vorstellung darüber ändert, wie man Spaß hat. Wenn ihr jedoch eine gute, ehrliche Basis habt, wie weiter oben beschrieben, und darin übereinstimmt, dass egal, was ihr unternehmt, eine Riesensause wird, dann steht eure Freundschaft auf einem unerschütterlichen Fundament.

ECHTE FREUNDE – EIN LEBEN LANG?

Ich glaube, es gibt drei Typen von Freunden: Freunde für ein Jahr oder eine bestimmte Phase, Freunde, die wir aus ganz bestimmten Gründen mögen und Freunde fürs Leben.

Manche Freunde begleiten uns während einer bestimmten Phase unseres Lebens. Doch sobald sich jeder weiterentwickelt, lebt man sich auseinander. Freunde, die wir aus einem ganz bestimmten Grund haben, erteilen uns oder bekommen von uns oft unbewusst eine Lehre. Manchmal sind diese Menschen auch einfach nur nützlich, wie Arbeitskollegen oder Mitbewohner. Tja, und dann sind da die Freunde fürs Leben, das sind die seltensten Exemplare und zugleich die wichtigsten, die es zu pflegen gilt. Diese Menschen gehen mit uns durch dick und dünn, was auch immer an Gutem oder Schrecklichem passiert. Sie haben immer für uns Zeit, wenn wir sie brauchen. Sie halten uns den Rücken frei und lieben uns bis zum Mond und zurück.

Ein solcher Freund ist wie ein seltener Edelstein. Kümmere dich um diese Freundschaft, so gut du kannst! Solche Menschen sind nicht nur dazu da, um die Zeit totzuschlagen oder sich auf Partys zu amüsieren. Sie sind unsere Stütze, ein wichtiger Bestandteil in unserem Leben und eine echte Quelle des Glücks. Sich auf jemanden verlassen zu können, was auch immer geschieht, ist ein unbeschreiblich tolles Gefühl. Und es ist in jedem Fall wert, eine solche Bindung zu pflegen.

*Man hat uns beigebracht,
andere Frauen als
Konkurrenz zu sehen,
anstatt sie als Wesen
zu begreifen, die unser
Leben bereichern können.
Setz dich über diesen
gesellschaftlichen Quatsch
hinweg: Wir sind so
viel stärker, wenn wir
zusammenhalten!*

#RSLBOOK

HAUSAUFGABEN

♥ »KLINGLE« REGELMÄSSIG BEI DEINEN FREUNDEN DURCH.
Wenn du neue Freunde gewonnen hast, dann vergiss nicht, in Kontakt zu bleiben. Mache es dir zur Gewohnheit, ihnen regelmäßig kleine Nachrichten zu schicken. Du wirst sehen, dass sich deine Freundschaften dadurch vertiefen.

♥ VERBRINGE MEHR ZEIT MIT DEINEN FREUNDINNEN.
Es ist wichtig, einen Hexenzirkel aus Frauen zu haben, auf die du dich verlassen kannst und umgekehrt. Verbringt so viel Zeit wie möglich miteinander. Das wird euer Leben bereichern.

♥ MACHE EHRLICHE KOMPLIMENTE.
Du fühlst dich genauso gut dabei wie der Empfänger. Außerdem stärkst du deine soziale Kompetenz damit. Manchmal überlege ich beim Spazierengehen, welche positive Eigenschaft der Mensch hat, der gerade an mir vorübergeht. Das ist gar nicht so leicht in einer verrückten Stadt wie New York, wenn dir Hunderte von Leuten entgegenkommen. Aber wenn ich nach dieser Übung nach Hause komme, bin ich regelrecht high von all den positiven Gedanken.

♥ SCHREIBE DIR EINEN SPICKZETTEL MIT WICHTIGEN FRAGEN.
Wenn du eine geheime Quelle mit spannenden Fragen im Kopf hast, fühlst du dich in Gesprächen nie verloren. Denke dir zehn gute Fragen aus, aber nicht so etwas wie: »Und was machst du so?« Wenn dir das schwerfällt, kannst du im Internet recherchieren. Dort findest du jede Menge Anregungen zum Thema »Wie man eine Konversation startet«.

♥ **ÜBERLEGE DIR EIN PAAR WITZIGE FREUNDSCHAFTSAKTIVITÄTEN.** Was möchtest du wirklich mit deinen liebsten Freunden unternehmen? Sobald dir ein paar gute Sachen eingefallen sind, lasse es sie wissen und schmiedet Pläne! Und schiebt die Schuld bloß nicht auf mich, wenn ihr den besten Monat eures Lebens habt!

Magie für den Alltag

THE STAR

THE MOON

KAPITEL 5

WIE MAGISCHE MOMENTE WIRKLICHKEIT WERDEN

*Mit Fantasie und Träumen
das perfekte Universum erschaffen!*

Dies ist mein Leitfaden zum Thema «Wie man magische Momente in seinem Leben erschafft». Ich bin nicht allwissend, aber ich beschäftige mich seit acht Jahren mit der Idee des Manifestierens, wie ich es hier nennen möchte, und gebe meine Sicht der Dinge sowie meine Erfahrungen wieder. Mein Interesse begann 2006, das ein sehr bewegendes Jahr voller Veränderungen war. Ich überwand meine Essstörung, änderte meinen Namen, zog von Neuseeland nach Australien und startete meinen Blog www. galadarling.com.

Noch 2005 allerdings hätte ich mir nicht mal im Traum vorstellen können, dass sich die Dinge so entwickeln würde. Damals glaubte ich, für immer gefangen zu sein in einem miesen Leben. Und ich bin sicher, dass ich nicht so leben würde, wie ich es heute tue, wäre ich nicht dem Gesetz der Anziehung gefolgt. Dann würde ich nicht mal diese Zeilen hier schreiben. Ich hätte immer noch einen Schreibtischjob, den ich gehasst habe, würde immer noch still vor mich hinleben, unfähig, Verantwortung für mich zu übernehmen.

Das Gesetz der Anziehung hat heutzutage einen etwas schlechten Ruf. Einige verantwortungslose Trittbrettfahrer sind nämlich auf den Zug aufgesprungen und haben so getan, als sei Manifestieren eine Art kosmischer Bestellkatalog. Das ist Quatsch. Ich kann, wie gesagt, nur aus meiner Erfahrung sprechen: Diese Art zu denken und zu handeln hat mein Leben revolutioniert. Jedem Skeptiker da draußen, der meint, das »funktioniert doch nicht«, kann ich unendlich viele Beispiele aufzählen, die das Gegenteil beweisen. Das ist okay, denn ich bin nicht daran interessiert, andere dazu zu überreden, meine Sichtweise anzunehmen. Wie andere Menschen ihr Leben gestalten, geht mich nichts an.

Das Wichtigste, wenn es ums Manifesteren geht, ist, den eigenen »Hintern hochkriegen«. Um das Leben zu verwirklichen, das du dir wünschst, musst du gewissermaßen in zwei Richtungen gehen. Durch Meditieren kann man sich kein Haus in Beverly Hills »herbeidenken«, so schön das auch wäre!

Manche Menschen haben eine etwas seltsame Vorstellung vom Manifestieren. Sie denken dabei an Zaubersprüche und glauben, dass man mit Salbei herumwedeln müsse. Das ist aber gar nicht damit gemeint. Manifestieren bedeutet, dem Universum auf halbem Weg entgegenzukommen. Es geht darum, die eigenen Ziele zu verfolgen und zugleich davon überzeugt zu sein, dass sich die Dinge zum Besten verändern. Es bedeutet, die Gewissheit in sich zu tragen, dass das, was du möchtest, zu dir kommen wird, sobald du den Ball ins Rollen bringst. Wenn du einfach nur in deinem Zimmer herumsitzt und an all das denkst, was du gern hättest, ohne etwas dafür zu tun – woher soll die Veränderung kommen?

Man kann sich Manifestieren auch so vorstellen: Du wirfst dem Universum einen Ball zu und wartest darauf, dass er zurückkommt. Tut er das nicht, nimmst du einen neuen Ball. Einige werden nicht zurückkommen, aber viele schon. Du musst einfach dranbleiben.

Du kannst deine Träume nicht manifestieren, wenn du nur so tust, als würdest du positiv denken und gar nicht wirklich an die Kraft der Veränderung glaubst. Die guten Dinge passieren Menschen, die dafür arbeiten! Es gibt in diesem Prozess keine Abkürzungen, aber zumindest ein paar gute Ratschläge, mit denen du ihn beschleunigen beziehungsweise erleichtern kannst.

MANIFESTIEREN FÜR ANFÄNGER

Im Folgenden erkläre ich dir die Grundlagen zum Manifestieren, wie ich sie erfahren habe. Mit der Zeit wirst du deine eigene Herangehensweise entwickeln, schließlich sind wir nicht alle gleich gestrickt. Deshalb möchte ich dich auch ermutigen, mit diesen Ideen zu experimentieren!

Wie man in den Wald ruft, so schallt es zurück

Dieses Sprichwort enthält so viel Wahrheit. Die Autorin Louise L. Hay sagt dazu: »Das Universum unterstützt uns in jedem Gedanken, dem wir unsere Aufmerksamkeit widmen.« Und das Universum ist dabei nicht wählerisch: Es gibt dir genau das, was du dir – bewusst oder unbewusst – gewünscht hast. Dein Denken und Verhalten fällt also wieder auf dich zurück. Bist du liebevoll und fürsorglich oder herrisch und streng? Lässt du andere an deinem Leben, deinen Ideen und Reichtümern teilhaben? Oder hältst du mit allem hinterm Berg und bist abweisend zu anderen? Es lohnt sich, über diese Fragen nachzudenken, wenn sich das Leben zufälligerweise nicht so entwickelt, wie du es dir wünschst. Was für einen Ball hast du dem Universum zugeworfen? Oder anders ausgedrückt: Was hast du dazu beigetragen?

Alles in deinem Leben hast du auf irgendeine Art gewollt

Alleine gegen diese Überschrift wehren sich manche Menschen schon mit Händen und Füßen. Das ist ein Zeichen dafür, dass sie einen Nerv trifft. Wieso? Vermutlich, weil viele von uns mit Teilen ihres Lebens überhaupt nicht glücklich sind. Das nervt, ist aber kein Grund zum Verzweifeln. Du bist nicht in einer unglücklichen Beziehung, weil du das ganz bewusst so willst. Du bist in einer unglücklichen Beziehung, weil du das auf unbewusste Weise möchtest. Tief in deinem Inneren möchtest du vielleicht, dass dein Partner das Bild, das du von Männern hast, bestätigt. (Dadurch musst du dich nie für Neues öffnen und du musst dich auch nicht verletzbar machen.) Vielleicht durchlebst du auch unterbewusst das Beziehungsmodell, das du bei deinen Eltern erlebt hast, um es ein für alle Mal zu verarbeiten. Oder du bist tief in dir überzeugt davon, dass du einen Besseren, also jemanden, der dich liebt und gut behandelt, nicht verdient hast.

Bei jedem gibt es Dinge im Leben, die nicht so gut laufen oder schwierig sind. Die einen haben Glück in der Liebe, sind aber immer pleite. Auch wenn Probleme und Hindernisse wichtige Impulse geben, um sich zu entwickeln, gibt es einen Grund dafür, dass sie überhaupt da sind. Und genau darum geht es im Folgenden.

Gedanken manifestieren sich und werden Wirklichkeit!

Unsere Gefühle, nicht unser Verstand bestimmen die Verhältnisse, in denen wir leben. Fühlst du dich verwirrt, musst du nicht überrascht sein, wenn dein Leben ein Wirrwarr ist. Bist du verärgert, wirst du Dinge anziehen, die dich noch mehr verärgern. Fühlst du dich hingegen gut, voller Liebe und wunderbar, wirst du all das auch wieder in dein Leben ziehen. Es funktioniert genau so: Deine Gedanken werden zu einem lebendigen Teil im Puzzle deines Lebens.

Positive Gedanken sind wesentlich stärker als negative

Ich weiß, es hört sich erst einmal gruselig an, dass sich Gedanken als Realität manifestieren. Vor allem wenn man zu viele Nachrichten und Horrorfilme schaut oder eher ein Angsthase und Grübler ist. Aber keine Sorge, Babe, es ist noch nicht alles verloren! Auch wenn es ziemlich leicht ist, sich von negativen Gedanken vereinnahmen zu lassen, machen positive Gedanken viel mehr Spaß. Sie sind wie ein Liebhaber, der dich mit Genuss verführen will. Ein positiver Gedanke beginnt klein, spielt ein wenig mit dir, zaubert dir ein Lächeln aufs Gesicht und durchdringt deinen ganzen Körper. Es kribbelt förmlich von Kopf bis Fuß, als wärst du magnetisch aufgeladen. Und genau in solchen Phasen ziehst du noch mehr wunderbare Dinge an. Sie kommen regelrecht auf dich zugeflogen und wollen sich mit dir verbinden.

Deine Gefühle sind wie ein Stimmungsbarometer

Diese Sache mit guten und schlechten Gedanken klingt anfangs ziemlich verwirrend. Aber es ist tatsächlich viel einfacher, als du jetzt vielleicht meinst. Du musst deine Gedanken nicht dauernd im Zaum halten wie ein Gefängniswärter. Wenn du besorgt darüber bist, was du kraft deiner Gedanken gerade in dein Leben ziehst, nimm dir einfach ein bisschen Zeit und spüre nach innen: Fühlst du dich gut? Wunderbar, dann ziehst du auch gute Dinge an. Fühlst du dich nicht so gut, dann ziehst du vermutlich auch Dinge an, auf die du verzichten könntest. So einfach ist es. Und wenn du dich schlecht fühlst, dann tue etwas dagegen.

Du kannst deine negativen Gedanken einfach in positive umwandeln

Viele Menschen glauben, dass man Gedanken gar nicht beeinflussen kann, dass sie einfach kommen. Das stimmt aber nicht. Auch wenn einiges von dem, was wir uns einreden, unbewusst passiert, können wir trainieren, positiv zu sein. Achte einmal darauf, wann du dich gut oder schlecht fühlst. Dann überlegst du, wie sich das ändern ließe. Du kannst negativen Gedanken einen Tritt versetzen, indem du den Grübelzustand beendest und aktiv wirst. Was du tun kannst, hängt davon ab, was in deinem Leben gerade so los ist. Eine Möglichkeit ist, eine Liste von Dingen zu erstellen, für die du dankbar bist. Du kannst aber auch singen, tanzen oder Sport treiben. Diese Aktivitäten sorgen sofort für bessere Laune, weil sich dadurch die Chemie im Gehirn verändert. Streichle deinen Hund, rufe jemanden an und sage der Person, dass du sie lieb hast, lies eines deiner Lieblingsgedichte ... Es gibt viele Wege, um sich gut zu fühlen, probiere einfach aus, was dir gefällt!

Fassen wir noch einmal zusammen: Wenn du dich schlecht fühlst, unternimm etwas dagegen – irgendetwas! –, damit es dir wieder besser geht.

Das Ergebnis hängt von deinen Gefühlen ab

Es ist so einfach, und doch so schwer. Was lernen wir daraus? Dass wir um jeden Preis versuchen sollten, glücklich zu sein. Wenn du das Gefühl hast, dass sich deine Lebensumstände regelrecht gegen dich verschwören, um dich unglücklich zu machen, dann musst du handeln und diese Entwicklung umdrehen. Denn niemand anderes kann und wird es für dich tun! Du musst die Verantwortung für dein Leben übernehmen. Du bestimmst die Richtung, in die es sich entwickelt. DU HAST ES IN DER HAND, niemand sonst.

Du musst genau wissen, was du willst

Der erfolgreiche Blogger und Buchautor Steve Pavlina sagt: »Wer nicht bewusst ein Ziel formuliert, zielt nur darauf ab, dass das Leben so weitergeht wie bisher.« Das heißt: Wenn du nicht weißt, was du willst, bekommst du immer wieder das gleiche. Und wer will das schon?

Manchen Menschen fällt es sehr schwer, herauszufinden, was sie wollen. Wir sind dermaßen programmiert durch unsere Eltern, unsere Partner, Freunde, Medien und die Gesellschaft, dass wir bestimmte Werte ganz hoch hängen und andere links liegen lassen. Ganz viel von dem, was wir zu wollen glauben, wird von unserem sozialen Hintergrund bestimmt. Wenn deine Eltern dich in den Ferien auf Weltreise mitgenommen haben, dann hältst du das für normal und strebst das auch später für dich selbst und deine Kinder an. Haben deine Eltern hingegen erwartet, dass du in den Ferien arbeitest oder einer ehrenamtlichen Tätigkeit nachgehst, dann wird vermutlich das für dich normal sein.

Dieses Buch ist aus meiner Sicht deshalb eine Art Handbuch für Radikale Selbstliebe, weil es ganz viele Themen verbindet. Du wirst feststellen, dass sich einige Elemente aus anderen Kapiteln in diesem wiederfinden. Das liegt daran, dass die Einzelteile dieses Denkkonzepts nicht unabhängig von den anderen betrachtet werden können. Sie gehören zusammen, du brauchst alle Puzzleteile, um das Gesamtbild erkennen zu können.

Ein Beispiel: Du kannst keinen Traumpartner in deinem Leben manifestieren, wenn du dich nicht selbst liebst und glaubst, dass du die perfekte Liebe auch verdienst. Willst du keine Verantwortung für dein Leben und deine Entscheidungen übernehmen, kannst du nichts wirklich Bedeutendes in dein Leben ziehen. Und selbst wenn du etwas Gutes schaffst, wirst du dir vermutlich sagen: »Naja, das war nur Glück.« Wer keine Verantwortung übernimmt und es nicht schafft, wunderbare Dinge zu verwirklichen, wird ziemlich schnell zu dem Schluss kommen: »Das war ja alles bloß Quatsch und Hokuspokus.«

Am besten fängst du also damit an, tatsächlich Verantwortung für dein Leben zu übernehmen – ein für alle Mal. Mit diesem Gefühl der Selbstkontrolle pflanzt du den Samen, aus dem all das wachsen kann, das du dir wünschst.

WIE DU HERAUSFINDEST, WAS DU WIRLICH WILLST

Die Medien wollen uns gern weismachen, was für tolle Produkte wir kaufen sollen und wie wir unser Leben zu führen haben. Das ist alles Quatsch! Willst du wirklich einen Mercedes und eine Brustvergrößerung? Willst du wirklich ein Baby und einen schönen Ehering? Willst du wirklich einen Privatjet? Manche Menschen kommen, nachdem sie eine Weile in sich gegangen sind, zu dem Schluss, dass sie das wollen. Andere finden heraus, dass sie sich genau das Gegenteil wünschen. Was du wirklich im Leben möchtest, kann sich ziemlich von dem unterscheiden, was dir dein Kopf sagt. Fakt ist, dass du so leben kannst, wie du es möchtest. Also: Wenn du alle Fußfesseln abstreifst, die uns die Gesellschaft anlegt, wohin wirst du dann fliegen?

Willst du wirklich eine neue Eigentumswohnung oder möchtest du lieber mit dem Zug durchs Land reisen? Willst du eine Ehefrau oder einen Ehemann oder lieber eine Reihe von Lovern? Willst du lieber angestellt oder selbstständig sein? Es ist an der Zeit, darüber nachzudenken, was du tatsächlich willst. Du kannst diese Frage am besten beantworten, wenn du ein paar Tage kein Internet, kein Radio und kein Fernsehen einschaltest. Es ist verdammt schwer, mit deinem wahren Selbst in Verbindung zu kommen, solange einem dauernd irgendwelche Stimmen von außen sagen, was man tun soll. Du kannst meditieren, Spaziergänge machen, schwimmen gehen, deinen Kleiderschrank durchstöbern, dir eine Massage gönnen oder anschauen, was an deinen Wänden hängt. Was sagt das alles über dich aus? Bist das wirklich du?

Nimm dir ein Blatt Papier und schreibe auf, was du glaubst zu wollen: Es ist okay, Dinge aufzuschreiben, die sich erst mal widersprechen. Zu Anfang wandern deine Gedanken in verschiedene Richtungen. Mit der Zeit wird dein Kopf klarer, dann kristallisiert sich das heraus, was dich wirklich begeistert. Diese Dinge werden aus der Masse der Gedanken herausstechen wie schöne Edelsteine. Und je mehr du darüber nachdenkst, desto klarer wird dir alles werden.

Es geht im Wesentlichen darum, sich Zeit zu nehmen für seine Gedanken, das tun so wenige von uns! Wann bist du zuletzt ganz alleine für dich deinen Gedanken nachgehangen, ohne Buch, ohne Film, ohne Fernseher, ohne eine Zeitschrift oder eine Playlist, die dich ablenken?

Je mehr Zeit du damit verbringst, tiefer zu schürfen, desto eher wirst du mit dir selbst in Einklang kommen.

Bist du dir darüber im Klaren, was du willst, kannst du anfangen, dein Traumleben zu manifestieren.

Die Träume umsetzen

Spricht dich das, was auf dem Blatt Papier steht, so richtig an, fängst du erst einmal an, dein Leben und deine Umgebung in Ordnung zu bringen. Es ist nämlich ziemlich schwer, magische Momente zu erschaffen, wenn dein Zimmer aussieht, als hätte eine Bombe eingeschlagen und dein Leben eher einem Trümmerhaufen ähnelt.

Weg damit!

Wann hast du das letzte Mal deine Wohnung oder dein Zimmer tiefengereinigt? Jetzt ist es Zeit dafür! Schmeiße allen Krempel weg, oder lagere ihn irgendwohin aus, der nicht zu deiner Mission, zu deinen neuen Zielen passt. Das bedeutet zum Beispiel: Fotos von Exfreunden abhängen, alte Bilder wegwerfen, die dich nicht mehr inspirieren, und unwichtige Telefonnummern löschen. Das gilt für die Unordnung zu Hause (Berge von nichtabgelegten Papieren, schmutzige Socken usw.) sowie für alles, woran wir festhalten, obwohl es uns ausbremst und am Weiterkommen hindert; Dinge, die emotionale, geistige und körperliche Energie fressen, ohne dass wir uns dessen bewusst sind. Es ist extrem befreiend, mal im wahrsten Sinne »reinen Tisch« zu machen und neu anzufangen. Je mehr Platz du schaffst, desto besser wirst du dich fühlen.

Ersetze den alten Krempel mit Totems und anderen magischen Dingen

Unter einem Totem verstehe ich etwas, das dich inspiriert und an deine Ziele erinnert. Als ich anfing, über Radikale Selbstliebe zu schreiben, empfahl ich den Leuten immer, sich einen Totem zuzulegen, der für Radikale Selbstliebe steht. Etwas, das einen auf dieser Reise begleitet und bei dessen Anblick man an das denkt, wonach man strebt, in diesem Fall, sich selbst zu lieben. Mein Totem war eine große herzförmige Kette aus funkelnden Kristallen. Sie jeden Tag zu tragen und mich damit im Spiegel zu betrachten, erinnerte mich daran, was ich mir vorgenommen hatte. Du kannst die Wände deines Zimmers mit motivierenden Bildern tapezieren oder Post-its mit ermunternden Sprüchen an alle Spiegel kleben. Besorge dir Bücher, die dich inspirieren und dir dabei helfen, das Beste aus dir herauszuholen. Fülle deinen Kühlschrank mit Sachen, die gesund und gut für dich sind. Du kannst dir auch eine Piratenflagge ins Zimmer hängen, wenn es dir hilft! Es gibt kein »richtig« oder »falsch«. Lasse dich einfach von deinem inneren Kompass leiten.

Schreibe auf, was du willst und wofür du dankbar bist

»Ich bin glücklich und dankbar für …« Schreibe diesen Satz auf ein Blatt Papier und vervollständige ihn mit allem, wofür du jetzt, in diesem Augenblick, dankbar bist.

Ein paar Beispiele: Ich bin glücklich und dankbar dafür, dass ich jeden Tag gesünder werde. Ich bin glücklich und dankbar dafür, dass ich in einer liebevollen, respektvollen und lustigen Partnerschaft sein darf. Ich bin glücklich und dankbar dafür, dass mein Geschäft mehr Geld abwirft als jemals zuvor. Ich bin glücklich und dankbar dafür, dass ich dieses Jahr auf die Bahamas fliege, um mich mit meinem Freund zu erholen!

Sei so genau wie möglich. Benutze Wörter, die kraftvoll sind und eine Bedeutung für dich haben! Du schreibst das für dich, es soll beim Lesen Spaß machen, deine Energie befeuern und dir ein gutes Gefühl geben.

Bewahre das Blatt Papier an einem Platz auf, wo es dich jeden Tag daran erinnert, was du erreichen willst. Am besten lässt du auch ein bisschen Platz frei, um etwas zu verändern oder zu ergänzen. Meine Liste befindet sich in meinem Filofax, vor meiner To-do-Liste und hinter einer Tarotkarte der Hohepriesterin! Diese Reihenfolge ist für mich perfekt – und jedes Mal, wenn ich die Liste ansehe, erfüllt sie mich mit Inspiration, Glück und Hoffnung.

Bastle dir ein Visionboard

Ich bin ein visueller Mensch, darum sammle ich alle möglichen Inspirationen. Ich habe zum Beispiel sechs Klemmbretter über meinem Schreibtisch, an denen ich gern Bilder befestige, deren Anblick mir Freude macht und Kraft gibt.

Du kannst dir dein eigenes Visionboard machen mit Klemmbrettern, einem Flipchart, einer Leinwand oder einer Tafel aus Kork, was immer dir gefällt. Nimm dir einfach einen Haufen Zeitschriften und reiße die Seiten heraus, die dich ansprechen oder an deine Träume und Ziele erinnern. Dann kommt der künstlerische Part: Arrangiere alles nach deinem Geschmack, mit Klebestreifen, Nadeln, was auch immer.

Eine visuelle Darstellung deiner Ziele ist motivierend und reichert deinen Kopf mit positiven Bildern und Ideen an. Denn wie immer gilt: Gedanken manifestieren sich!

Arbeite mit Affirmationen

Schreibe dir Affirmationen auf, die genau auf deine Lebenssituation und zu deinen Zielen passen, und platziere sie so, dass du sie immer siehst. Sprich sie immer wieder laut aus, auch wenn dir das anfangs vielleicht, so wie mir früher, etwas peinlich ist. Das ist okay, Hauptsache, du machst weiter.

Denke dir etwas Nettes aus, um die Affirmationen hübsch zu gestalten. Es soll Spaß machen, wenn du sie anschaust. Du kannst sie zum Beispiel mit Lippenstift an den Spiegel schreiben oder, wie gesagt, auf Post-its in der Wohnung aufhängen.

Visualisiere, was du willst

Unser Unterbewusstsein funktioniert nicht über Wörter, sondern über Bilder und Gefühle. Jeder Gedanke ist wie ein kleiner Film, der sich im Kopf abspielt und dessen Szenen sich im Unterbewusstsein einbrennen. Das heißt: Je klarer du dir etwas vorstellst, desto sicherer wird es zur Realität. Ich bin davon überzeugt, dass unser Körper nur tun kann, was unser Geist zuvor gedacht hat.

Drehe in Gedanken einen Film von deinem Leben, von all den Sachen, die du tun willst, und spiele diesen Film immer wieder vor deinem geistigen Auge ab. Lasse dich auf dieses Experiment ein und schaue nicht einfach nur passiv zu, sondern erlaube dir, dass dich die Emotionen packen, als wäre es das wirkliche Leben. Der Film soll dich aufbauen. Genieße jeden Augenblick. Wenn du keine solchen Gefühle entwickeln kannst, dann visualisierst du vielleicht etwas, das dich nicht wirklich begeistert. In diesem Fall heißt es: Zurück ans Visionboard!

Tue so, als ob

Gleiches zieht Gleiches an. Wenn du dich so verhältst, als seien deine Träume schon wahr geworden, werden sie leichter wahr. Manches davon spielt sich auf einer metaphysischen Ebene ab, anderes dagegen lässt sich logisch erklären: Wenn du dich beispielsweise wie eine Businessfrau kleidest, wird man dich eher für einen gehobenen Posten in Erwägung ziehen, weil du bereits den Eindruck erweckst, zum Führungsteam zu gehören. Gehst du verantwortungsbewusst mit deinem Geld um, kommst du schneller zu Wohlstand. Du verstehst, was ich meine.

Willst du deine Wünsche im Leben manifestieren, tue so, als wäre das Erhoffte schon passiert. Anfangs fühlst du dich vielleicht wie ein Betrüger oder Hochstapler, denn du hast die Dinge ja noch nicht erreicht und musst dir das gewissermaßen »vorspielen«. Tue trotzdem so, als sei es wahr, als sei der Traum Wirklichkeit geworden, als sei der Scheck schon im Briefkasten. Verhalte dich dementsprechend, und zwar in jeder Hinsicht und mit vollem Bewusstsein: in der Art, wie du dich kleidest, bewegst und redest. (Du musst dabei nicht übertreiben, es geht mehr darum, sich wohl und passend zu fühlen, als um den wirklichen Look. Probiere es aus und du wirst merken, was ich meine.)

Nimm dir Zeit für die magischen Momente

Wenn du dir nicht wirklich Zeit freischaufelst, um deine Wünsche zu manifestieren, dann wird dein Vorhaben schnell ans Ende der To-do-Liste rutschen. Auch wenn du nur fünfzehn Minuten lang im Bus oder der U-Bahn die Augen zumachst und visualisierst, was du gern möchtest, wird das einen ENORMEN Unterschied machen.

Nimm dir Zeit, um Bücher über Themen wie Persönlichkeitsentwicklung zu lesen, um zu visualisieren und Visionboards zu machen. Halte dich daran, positiv und wohlwollend zu kommunizieren. Schreibe jeden Morgen gleich nach dem Aufstehen eine Dankbarkeitsliste. Mache all diese Dinge zu einem wichtigen Teil deines Alltags. Wenn sie dein Leben dann nicht dramatisch verändert, fresse ich meinen Hut.

Du kannst deine Zukunft an deinen Gedanken ablesen!

An deinen Gedanken kannst du ablesen, wie glücklich dein Leben in der nahen Zukunft sein wird. Wenn du dich dauernd beklagst und negativ denkst, zeigt das, dass du nicht glücklich bist (und es vermutlich auch in Zukunft nicht sein wirst). Ich habe festgestellt, dass etwas nicht stimmt, wenn ich viel über die Vergangenheit nachdenke. Warum soll ich dem Gestern so nachhängen, wenn ich heute, hier und jetzt ein tolles Leben habe?

Falls du dich dabei ertappst, dass du ständig herummeckerst, setze dir eine »Meckern verboten«-Regel. Wie lange hältst du es aus, dich nicht negativ oder abwertend über irgendjemanden oder irgendetwas zu äußern? Du kannst auch deine Freunde ermutigen, mitzumachen!

Du musst nicht den ganzen Weg kennen, um loszugehen

Das musst du wirklich nicht. Der Weg ergibt sich beim Gehen. Das kann durchaus beängstigend sein – besonders für diejenigen, die gern im Voraus planen und die Kontrolle über alles haben wollen. Aber weil es ja darum geht, kosmische Kräfte wirken zu lassen, macht es keinen Sinn, wissen zu müssen, wie genau sich die Dinge entwickeln.

Das Manifestieren von Träumen ist eine ungenaue Kunst. Du musst zwar genau wissen, was du willst, dann aber aus dem Weg gehen, damit das Universum seine Arbeit ungehindert tun kann. Lasse die Vorstellung, dass du den besten Weg für alles kennst, los. Auch wenn wir glauben, auf alles eine Antwort zu wissen, ist dem nicht so.

Du magst die besten Adressen für Designerschuhe kennen, aber wenn es ums Manifestieren geht, musst du einen Gang runterschalten. Formuliere einfach, was du möchtest, und dann heißt es: Bahn frei. Du glaubst nicht, dass das Universum es besser weiß? Das tut es! Wenn du trotzdem anderer Meinung bist, wirst du so lange gegen Wände laufen, bis du es erkennst.

Klammere dich nicht zu sehr an deine Wünsche

Dieser Punkt kann tatsächlich sehr kniffelig werden. Schließlich ist es ja sinnvoll, an einer Sache dran zu bleiben, die man will. Der Trick ist jedoch, zu wissen, was man will, ein paar Schritte zur Umsetzung beizutragen (die Wünsche aufschreiben, ein Visionboard erstellen oder jeden Morgen Visualisierungsübungen machen) und den Wunsch dann loszulassen. Entscheidend ist die innere Überzeugung, dass sich die Dinge ergeben, wenn du sie brauchst!

Du musst Vertrauen in den Prozess haben und daran glauben, dass es klappt. Das erfordert Geduld. Es ist unmöglich vorherzusagen, wie lange es dauert, bis sich der Wunsch manifestiert. Das wäre so, als würde man versuchen, mit bloßem Auge die Sterne am Himmel zu zählen. Manches passiert sofort, anderes dauert Monate. Wichtig ist, dass du weiterhin daran glaubst. Bleibe dran, in dem du dich bewegst und weiterentwickelst. Oft passiert Folgendes: Die Menschen probieren das Manifestieren aus, sie basteln ein Visionboard machen die Übungen, bemühen sich, positiv zu denken, aber ein paar Wochen später hat sich kein Fortschritt eingestellt. Und dann beginnen sie unweigerlich zu sagen: »Na toll! Das ist doch idiotisch! Es funktioniert nicht!« Und natürlich hört dich das Universum und reagiert, indem es tut, was du willst: Es beendet seine Arbeit.

Lerne, um das zu bitten, was du willst

Menschen, die nicht um Hilfe fragen, bekommen sie auch nicht. Punkt. Das ist, wie schon das Sprichwort sagt: »Wer nicht wagt, der nicht gewinnt.«

Viele von uns sind nicht gerade gut darin, andere um Hilfe zu bitten – selbst wenn wir alle mal Unterstützung brauchen. Das ist der Fluch des modernen Lebens: Wir denken, alles alleine schaffen zu müssen, und legen es, wenn das nicht der Fall ist, als Schwäche aus.

Falls beim letzten Satz etwas bei dir anklingt, sei nicht dumm! Ich verspreche dir, dass du für alles viel länger brauchen wirst, wenn du es alleine durchziehen willst. Bitte, lasse dir von den Menschen in deiner Umgebung helfen. Das Schlimmste, was sie sagen können, ist »nein«, und dann hast du nichts verloren. Lasse dir die Last von den Schultern nehmen, indem du um Hilfe bittest. Und zwar mehr als nur einmal!

Sei offen für Veränderung

Falls du Veränderung willst, aber Angst davor hast, liegt eine schwere Zeit vor dir. Denn dann wird deine Angst die ersten Setzlinge des Erfolges kaputt machen, sobald sie ihre Köpfchen aus der Erde recken, und damit verhindern, dass das Gute wächst.

Heiße ab jetzt jede Veränderung in deinem Leben willkommen, indem du einen Freudentanz aufführst, sobald sie über deine Schwelle tritt. Wenn sich die Dinge verändern, weißt du, dass sich dein Leben verbessert. Das bedeutet, dass das Universum die Ohren gespitzt hat, dir zuhört und zuflüstert – und dass alles, was du dir wünschst, unterwegs zu dir ist.

Es kann eine Weile dauern, bis du mit der Veränderung zurechtkommst, besonders, wenn du dazu neigst, am Bestehenden festzuhalten. Aber es lohnt sich! Lasse dich durchströmen und atme in die Veränderung hinein wie bei einer Yogaübung. Die tiefere Wahrheit ist nämlich, dass sich das Leben andauernd verändert, und zwar völlig unabhängig von deiner Einstellung dazu. Ob es dir gefällt oder nicht, das Leben wandelt sich. Wenn du dich diesem Prozess nicht entgegenstellst, sondern ihn annimmst, dann vollzieht er sich auf viel sanftere Weise. Die Dinge werden sich wohlwollend entwickeln – und du kannst die neuen Seiten des Lebens mit einem Lächeln akzeptieren.

Was immer du abwehrst, wird bleiben. Was immer du herbeidenkst, wird sich entwickeln. Wenn du ständig denkst: »Ich will keine Veränderung in meinem Leben!« – zack, kommen die Veränderungen auf dich zu. Je mehr du dich dagegen wehrst, desto heftiger kommt es, egal, ob du schon dafür bereit bist oder nicht. Noch ein Grund, sich der Veränderung zu stellen und sie zu lieben.

Besitz allein macht nicht glücklich

Es funktioniert genau anders herum. Glücklich zu sein, ist die Voraussetzung dafür, die Dinge anzuziehen, die du dir wünschst. Bist du erst einmal glücklich und zufrieden und liebst dich selbst, wirst du feststellen, dass das Leben jeden Tag besser wird. All die Sachen, die du dir wünschst, werden sich nach und nach einstellen. Glücklich zu sein ist allerdings der erste und wichtigste Schritt dahin! So viele Leute glauben, dass sie erst dann glücklich sein können, wenn sie ein tolles Auto, ein Haus, einen Ehemann, ein Baby oder was auch immer haben. Aber so funktioniert das nicht.

Materieller Besitz, Beziehungen oder auch Kinder können das Loch, den Mangel in dir nicht füllen. Das kannst nur du selbst. Wir selbst müssen es angehen – und manchmal klappt das am besten, wenn wir mit unserem Latein am Ende sind.

Der Schlüssel zur Verwirklichung von Lebensträumen ist: einfach damit anzufangen.

Es gibt dafür keinen richtigen oder idealen Zeitpunkt. »Die beste Zeit, einen Baum zu pflanzen«, heißt es, »ist vor 20 Jahren. Und die zweitbeste Zeit ist jetzt.« Passender lässt es sich nicht ausdrücken. Es bringt nichts, darüber zu jammern, was man früher alles hätte machen können oder nicht gemacht hat. Was auch immer die Gründe dafür waren, vielleicht wusstest du nicht genug darüber, hattest nicht genug Antrieb, warst noch nicht bereit – sie spielen keine Rolle. Die Zeit ist rum und kommt nicht mehr zurück.

Reue ist Energieverschwendung und hat noch nie etwas geändert. Am besten schaust du nach vorn und überlegst dir, was der nächste Schritt ist. Danach tust du, was zu tun ist auf dem Weg in eine grandiose Zukunft.

Denke immer daran: Deine Gefühle sind eine Art Vorschau auf das, was noch kommt. Wenn du dich nicht gut fühlst, dann tue etwas, damit sich das ändert!

Du kannst deine Träume
nicht manifestieren,
wenn du nur so tust,
als würdest du positiv
denken, jedoch gar nicht
wirklich an die Kraft der
Veränderung glaubst.
Die guten Dinge passieren
Menschen, die dafür
arbeiten!

#RSLBOOK

HAUSAUFGABEN

♥ **FINDE HERAUS, WAS DU WIRKLICH WILLST.**
Kapsle dich ein paar Tage von Internet, Radio, Fernsehen und anderen Kanälen ab, um dich wieder mit dir selbst zu verbinden. Es ist Zeit, herauszufinden, was du wirklich vom Leben willst. Wenn du dir dafür keine Zeit nimmst, wer soll es für dich tun?

♥ **SCHREIBE AUF, WAS DU WILLST.**
Sobald du ein paar Ziele formuliert hast, schreibe sie auf, und zwar in der Gegenwartsform, so als wären sie schon da. Reichere deine Worte mit guten Gefühlen an. Es sollte Spaß machen, wenn du durchliest, was du aufgeschrieben hast.

♥ **BASTLE EIN VISIONBOARD.**
Jetzt geht's ans Handwerkliche: Nutze die Ausschnitte von Magazinen oder Ausdrucke von Pinterest und Co., um deine Ziele und Wünsche visuell umzusetzen. Das motiviert dich, wenn du feststeckst. Und es erinnert dich immer daran, wo du hinwillst.

♥ **SORGE DAFÜR, DASS ES DIR GUT GEHT.**
Das ist einer der wichtigsten Aspekte: Achte darauf, dass du dich wohl fühlst. Denn nur wenn es dir gut geht, kannst du auch gute Dinge anziehen. Das klingt zu einfach, um wahr zu sein? Versuche es einfach!

♥ **TUE SO, ALS OB.**
Was immer du in deinem Leben manifestieren willst, tue so, als ob du es schon hättest. Verhalte dich wie jemand, der bereits Karriere gemacht, ein gutes Einkommen oder eine tolle Beziehung hat. Deine Emotionen beflügeln deine Erfahrungen.

KAPITEL 6

DEIN STYLE, DEIN LEBEN

Luxustipps, um fabelhaft auszusehen, deinen eigenen Stil zu finden und das heißeste Babe auf einer Party zu sein!

WARUM STIL SO WICHTIG IST

Stil durchdringt unser ganzes Leben. Es geht nicht nur darum, was du anhast, sondern wie du dein Leben führst.

Schauen wir uns zunächst mal an, warum Stil wichtig ist und warum es sich lohnt, darüber zu reden. Natürlich ist Stil nicht lebensnotwendig. Viele Menschen kümmern sich nicht allzu sehr um ihr Äußeres und ihre Klamotten. Sie haben Kinder, Karrieren, Häuser, Autos, Freunde und sie leben ihr Leben wie andere auch.

Ein paar Menschen jedoch sind ein bisschen anders gestrickt. Ich für meinen Teil schätze die Schönheit in allen Dingen, und ich vermute, dass es dir genauso geht. Du weißt vielleicht wie ich, dass es sehr befriedigend sein kann, ein stilvolles Leben zu führen. Wir alle sind vertraut mit der Wirkung, die ein Kunstwerk, ein bestimmter Song oder ein wunderschön geschriebenes Buch auf uns haben kann. Schönheit bringt so viel Genuss und Freude.

Es mag etwas zu simpel klingen, aber ein toller Mantel oder ein wunderbarer Hut peppt das Lebensgefühl auf, diese Dinge machen unser Leben schöner. Bei Filmen und Serien kann man das gut beobachten: Eine gute Storyline wird durch geschicktes Styling und eine starke Ästhetik noch besser. Styling kann Bedeutungsebenen hinzufügen sowie Tiefe und Komplexität erzeugen. Kleidung vermittelt Stimmungen und Absichten oder enthüllt sogar Geheimnisse. Wir alle wissen, dass Stil unser Erleben intensiviert. Das jedoch selbst anzuwenden, ist etwas kniffelig. Viele von uns tragen täglich eine Art Uniform, weil es so viel leichter ist, als sich den täglich Styling-Herausforderungen zu stellen. Erst wenn die Schuhe auseinanderfallen oder den Lieblingssweater ein riesiges Loch schmückt, gehen wir shoppen und kaufen exakt das gleiche. Unser Inneres mag sich weiterentwickelt haben, aber unser Äußeres hat sich noch nicht geändert.

Es ist eine Sache, zu wissen, was man mag – und das an sich ist wunderbar. Aber es ist etwas anderes, immer beim bewährten Alten zu bleiben, weil man nicht weiß, wie man sich anders ausdrücken soll.

Deinen eigenen Stil zu entdecken, geht Hand in Hand damit, dein wahres Ich kennenzulernen. Unser Inneres (Emotionen, Gedanken, Einstellungen) ist unwiderruflich mit unserem Äußeren verbunden. Wir können durch unsere Kleidung ausdrücken, wie wir uns fühlen, und damit eine Message nach draußen schicken, die von »Leg dich nicht mit mir an!« über »Lieber klettere ich auf einen Baum!« bis hin zu »Der größte Kevin-Spacey-Fan!« reicht.

Manchmal tun wir das, ohne uns dessen überhaupt bewusst zu sein.

Was hast du gestern angehabt? Was hast du beim Anziehen gedacht? Jetzt trittst du am besten gedanklich mal einen Schritt zu Seite und betrachtest dich von außen. Welche Signale hast du den Leuten auf der Straße mit deinen Outfit ausgesendet: »Ich arbeite Vollzeit und habe drei Kinder« oder »Ich hasse euch alle!« oder vielleicht »Ich bin eine starke und wunderbare Glamazone«?

Wie fühlst du dich dabei, eine solche Botschaft zu verbreiten? Gefällt dir das oder würdest du lieber etwas anderes ausstrahlen?

Der erste Eindruck zählt, das wissen wir alle, und unsere Kleidung macht rund 50 Prozent davon aus. Egal wie oft man uns sagt, ein Buch nicht nach seinem Cover zu beurteilen, wir tun es trotzdem. Das gehört nun mal zu unserer Natur: Die Informationen, die wir über den ersten Eindruck sammeln, geben uns Hinweise zu der Person.

Das soll jetzt aber nicht heißen, dass du den Ball flach halten musst; so ist das nicht gemeint. Ich liebe Menschen mit schrägen Outfits, die offensichtlich Spaß daran haben. Diese Looks gefallen mir mehr als die makellos gestylten Ladys von der New

Yorker Park Avenue. Perfektionismus kann so langweilig sein! Ein bisschen schlechter Geschmack ist gut für dich. Wer sich zu konservativ kleidet, dem fehlt ein gewisses Schillern. Christian Dior sagte einmal:»Das Geheimnis der Schönheit ist das gewisse Etwas.« Ich liebe das! Und stimme dem zu 100 Prozent zu. Schönheit und Stil leben von diesem gewissen Etwas, das ganz individuell ist. Das gewisse Etwas springt wie ein Funke auf andere über und erzeugt eine Wirkung. Es muss weder laut noch pompös sein, es kann dramatisch funkeln wie ein Brillant oder dezent strahlen wie schöne Augen. Hauptsache, es gibt etwas, das dein Outfit unverwechselbar macht, etwas, das dir Spaß macht und originell ist wie ein persönlicher Fingerabdruck.

Zwei Frauen, die das gleiche Kleid tragen, können trotzdem komplett anders darin aussehen. Einerseits ist dafür die Anatomie verantwortlich, denn der Körpertyp verändert immer den Look, andererseits wird die unterschiedliche Wirkung aber auch durch Accessoires erzielt.

Man denke nur mal an das kleine Schwarze, das durch Coco Chanel berühmt wurde. Sie sagte immer, jede Frau sollte ein Kleid haben, das zu allen Gelegenheiten passt. Und tatsächlich besitzen die meisten Frauen so etwas auch. Das, was die Frauen im kleine Schwarzen auf einer Party unterscheidet, ist die Art, wie sie es gestylt haben. Einige Frauen tragen dazu Pumps und Diamantohrringe, andere kombinieren es mit einem aufregenden Hut und klimpernden Armreifen. Es geht um das gewisse Etwas, das du hinzufügst. Das ist dein Style.

Die Konsumgesellschaft hätte gern, dass wir uns wegen unseres Aussehens schlecht, schuldig und unglücklich fühlen. Es ist gut fürs Geschäft, wenn wir uns mit zuckerfreiem Essen vollstopfen und uns bei der ersten Gelegenheit unters Messer legen. Mein Rat ist einfach: Ignoriere all den Krempel und style dich so, dass du glücklich bist.

Den einen wird das nicht gefallen. Aber so ist es nun mal, die Geschmäcker sind verschieden – und dein Outfit muss kein

Welthit werden. Die anderen denken, dass du besser alle Rundungen und Dellen verhüllen solltest. Und wieder andere legen keinen Wert auf die Form, sondern auf die Farbe. Viele wollen eigentlich nur interessant aussehen, mehr interessiert sie nicht. Manche sind verrückt nach teuren Marken, während andere nur im Secondhandladen einkaufen. Überlege mal, welche Vielfalt du tagtäglich auf der Straße siehst. Unsere Vorlieben, Geschmäcker und Vorstellungen von Style sind so verschiedenen wie wir Menschen. Deshalb gibt es kein »richtig« oder »falsch«.

Ich breche dieses Thema immer gern herunter auf ein einziges Stylingprinzip: Wenn ich mich in dem Outfit wohlfühle, dann kommt es auch gut an.

Du musst mit dem arbeiten, was du hast und dich so anziehen, dass deine stärksten Seiten betont werden. Darauf zu hoffen und zu beten, dass du eines Morgens aufwachst und einen Meter fünfundsiebzig bist, ist Zeit- und Energieverschwendung. Egal, wie hoch deine Absätze sind oder wie eng deine Shapewear ist: Du bist, wer du bist.

Kleide dich so, dass es dich glücklich macht, anstatt ständig nach Perfektion zu streben. Das wirst du nie erreichen, denn so etwas wie Makellosigkeit gibt es nicht. Das Selbstbewusstsein wächst, wenn du dich in deinen Klamotten wohlfühlt. Ist das der Fall, dann hast du viel mehr Spaß als das Mädel, das zwar makellos aussieht, aber innerlich fast ausflippt, weil sie sich nicht mag.

Ganz wichtig: Fehler gehören zum Leben. Fashion-Fauxpas und nicht so fabelhafte Momente passieren jedem. Das geht denen, die Stylingrisiken wagen genauso wie jenen, die bloß Jeans und T-Shirts tragen. Am besten akzeptierst du es einfach als Teil des Spiels.

Um deine Stylingfortschritte festzuhalten, sind tägliche Outfitfotos ideal. Das hat einen ganz praktischen Nutzen: So siehst du auf einen Blick, ob dein Look passt oder eher nicht. Du kannst mit viel objektiverem Blick auf ein Foto schauen als auf dein eigenes Spiegelbild. Es ist zudem eine Hilfe, um deine Lieblingsoutfits zu archivieren. Damit sparst du dir viel Zeit, wenn du es mal eilig hast.

Natürlich dauert es eine Weile, bis du deinen Style gefunden hast. Das ist ein kontinuierlicher Prozess. Manches funktioniert sofort, andere verändern sich. Vielleicht bist du zufrieden mit deinen Haaren oder du weißt, welche Schnitte zu deinem Körper passen, aber der Rest ist in Bewegung. Das ist wunderbar! Die Elemente, die passen, sind wie ein Anker, während du mit dem Rest experimentieren kannst.

Sich anzuziehen und zu stylen sollte Spaß machen. Um das zu erreichen, schauen wir uns jetzt ein paar Möglichkeiten an, wie du dich jeden Tag in deinen Outfits wohlfühlst.

❋ ❋ ❋

MEINE STYLE-ENTWICKLUNG

Wie jede Frau hatte auch ich schon Fashion-Highlights und Fashion-Katastrophen. Es ist und bleibt ein Lernprozess. Du musst Fehler machen, um zu wissen, was funktioniert und was nicht. Also, besser nicht aufregen, sondern lachen und weitermachen!

Ich bin im Hinterzimmer der Boutique meiner Mutter aufgewachsen. Dadurch habe ich nicht nur Frank-Sinatra-Songs ohne Ende gehört, ich kam auch von klein auf mit Kleidung in Berührung, allein durch die vielen Gespräche, die ich im anderen Raum mitbekam. Ich hörte, wie Frauen sich weigerten, ein Teil in Größe x anzuziehen, weil das ihre Eitelkeit nicht erlaubte. Ich hörte aber auch die Freudenschreie mancher Frauen, wenn sie Farben anprobierten, die sie niemals in Erwägung gezogen hatten. Damals wurde mir klar, dass Frauen eine sehr komplizierte Beziehung zu Kleidung und den Möglichkeiten des Selbstausdrucks haben. Ich entdeckte aber auch, dass das Leben zu kurz ist, um etwas anzuziehen, das man nicht mag.

In der Schule trug ich eine Uniform, eine nicht enden wollende Quelle für Frustrationen. Ich hätte mich sehr gerne durch mein individuelles Styling ausgedrückt und konnte es nicht, weil ich jeden Tag das gleiche anziehen musste. Unsere Kleiderordnung war ziemlich streng: Wir bekamen Ärger, wenn wir die Bluse hochkrempelten, den Rock kürzten – er sollte über die Knie reichen – oder Nagellack und Make-up trugen. Wenn ein Mädchen lackierte Nägel hatte, wurde es ins Sekretariat geschickt und musste 50 Cent zahlen, um ihn mit dem Nagellackentferner der Schule zu entfernen. Schmuck wurde sofort konfisziert, die Haare mussten kurz oder zusammengebunden sein, und sogar fürs Zusammenbinden gab es Regeln. All das fühlte sich beklemmend, ja fast wie Folter an. Tag für Tag. Aber es gibt einen Silberstreif am Horizont: Ich bin sicher, dass ich aufgrund dieser Erfahrungen zu dem Menschen wurde, der ich heute bin. Wäre ich nicht unterdrückt worden und hätte alles anziehen können, wie ich wollte, dann würde ich mich heute nicht so stylen und durch Kleidung ausdrücken, wie ich es tue.

Meinen ersten Vorstoß auf dem Gebiet der Mode wagte ich als Teenager, indem ich nach der Schule nur noch Schwarz trug. Ich war ein richtiger Gothic-Teenie: Ich färbte meinen Bob blauschwarz, trug schwarz-weiß-gestreifte Strumpfhosen und lange schwarze Röcke. Ich besaß ein tolles Korsett und, ja, ich hatte auch eine Kette mit einem Ankh-Anhänger. Die ersten Schuhe, um die ich mich förmlich riss, waren New Rock Boots. Ich habe sie mir 1996 gekauft, als ich 13 war. Noch heute erinnere ich mich daran, wie mein Vater sagte, dass die Dinger abscheulich aussähen. Natürlich zementierte das nur den Platz, den die Stiefel in meinem Herzen hatten. Mal abgesehen von den Schuhen, die wir zur Schuluniform anziehen mussten, trug ich kaum mehr etwas anderes als meine New Rocks, bis ich unge-

173

fähr 20 war. Ich kombinierte sie sogar mit einem Businesskostüm bei meinem ersten Job – in einer Bank!

Meine Gothic-Phase dauerte an, bis ich Anfang 20 war. Ich trug ausschließlich Schwarz und hielt stachelige Hundehalsbänder für eine schicke Sache. Damals lebte ich mit jemandem zusammen, der am Wochenende mit einer ausgebeulten Plastikhose herumlief. Was für eine Welt! Irgendwann machte ich mit dem Typen Schluss, zog aus – und die Art, mich zu kleiden, veränderte sich.

Während ich allein wohnte, lernte ich mich selbst besser kennen. Ich wuchs an der Herausforderung und meine Persönlichkeit entwickelte sich. Ab diesem Zeitpunkt begann ich, mit Farben zu experimentieren. Ich kaufte meine erste blaue Jeans und kombinierte Cowboystiefel, die so blau wie Enteneier waren, mit Fetzenkleidern. Ich probierte den Lagenlook aus und trug dazu Perlenketten und riesige Sonnenbrillen. Ich war verrückt nach Accessoires. Und ich zeigte zum ersten Mal mehr Bein, was ich vorher niemals getan hatte.

Mein Style hat sich seitdem immer weiterentwickelt. Ich habe das mit den extremen Farben etwas heruntergefahren, weil es wohl bloß eine Reaktion auf die Zeit war, als ich nur Schwarz trug. Ich liebe kräftige Farbe nach wie vor, aber nicht mehr von Kopf bis Fuß!

Am wohlsten fühle ich mich in schwarzen Ankle Boots oder Sneakers mit Keilabsatz. Ich liebe kurze Röcke zu bedruckten T-Shirts, Kleider in leuchtenden Farben und auffälligen Schmuck. Es macht mir Spaß, meinen Humor in meinen Outfits auszudrücken, indem ich zum Beispiel lederne Hasenohren oder eine Blumenkrone aufsetze.

Style hat etwas mit Proportionen und Kontrasten zu tun. Ich liebe es, einen voluminösen Tüllrock mit Boots anzuziehen, einen mit Pailletten besetzten Minirock mit einem riesigen T-Shirt zu kombinieren oder eine große Sonnenbrille zu einem Cocktailkleid zu tragen. All meine Lieblingsoutfits haben einen Überraschungseffekt, der manchmal funktioniert und manchmal eben nicht. Aber das ist nun mal Teil des Abenteuers.

Wenn ich meinen Stil beschreiben sollte, dann würde ich sagen: exzentrischer Pop. So etwas wie ein Sonntagsoutfit auf Drogen. Ich habe lang gebraucht, um dahin zu kommen, aber jetzt fühle ich mich glücklich damit.

* * *

WARUM GRENZEN SETZEN WICHTIG IST

The sky is the limit! Nach oben gibt es keine Grenzen. Das ist auch das Motto, wenn es darum geht, dich nach deinem Geschmack zu kleiden. Aber manchmal verunsichert einen allein schon das. Wo anfangen, wenn man in alle Richtungen gehen kann? An diesem Punkt sind ein paar grundsätzliche Infos hilfreich.

Nimm dir ein bisschen Zeit, um die folgenden Aspekte zu berücksichtigen. Inwieweit du sie für dich anwendest, ist natürlich deine Sache. Aber sie können deinen Look unterschiedlich beeinflussen.

Die Farben, die dir stehen

In vielen Styleguides steht, dass man ruhig mal Farben ausprobieren soll. Ich glaube das nicht. Jeder von uns hat eine bestimme Palette von Farben, die uns blendend aussehen lassen. Und dann gibt es eine Reihe von Farben, in denen wir je nach Typ aussehen, als wären wir todkrank. Falls du also kein Fan des Zombie-Style bist, dann lasse das mit den falschen Farben! Es hilft dir beim Shoppen, wenn du weißt, welche Farben dir schmeicheln, weil du eine Menge nicht beachten musst.

Dein Lebensstil

Eine Fitnesstrainerin mit drei Kindern zieht sich anders an als ein Promi, der im Rampenlicht steht. In Alaska brauchen die Menschen andere Kleidung als auf den Fidschi-Inseln. Mormonen kleiden sich anders als Atheisten. Jede Kultur hat ihre eigenen Traditionen, die wir entweder annehmen oder ignorieren. Das gilt unabhängig davon, welcher gesellschaftlichen Gruppe du dich zugehörig fühlst und welche Regeln und Richtlinien dort vorherrschen.

Und selbst wenn du der toleranteste Mensch auf diesem Planeten bist, deine Kleidung verändert sich, je nach Anlass oder Situation. Bestimmte Outfits garantieren in Neuseeland irritierte Blicke, während sie in New York überhaupt keinen interessieren.

Und dann gibt es noch Länder, in denen es ein Vergehen ist, auch nur das geringste Fitzelchen Haut zu zeigen. Deine täglichen Aktivitäten, dein Job, dein Liebensleben sowie dein allgemeiner Lebensstil bestimmen also die Elemente deines persönlichen Styles.

Dein Budget

Traurig, aber wahr. Wir können uns nicht alle von Kopf bis Fuß in Saint Laurent kleiden. Geld grenzt unsere Auswahl deshalb ebenfalls ein. Für die meisten von uns ist es das Wichtigste, ein Dach über dem Kopf zu haben. Und so sehr wir uns auch nach Designer-Sneakers sehnen, der Großteil unseres Geldes wird in der Regel für die alltäglichen Dinge verwendet.

Das ist auch gut so. Viele Leute sind der Ansicht, dass etwas besser ist, nur weil es mehr gekostet hat. Das stimmt aber einfach nicht. Viel Geld zur Verfügung zu haben, macht die Leute manchmal regelrecht faul. Nur weil du Sachen trägst, für die das Mädel neben dir drei Monate sparen müsste, heißt das noch lange nicht, dass du einen besseren Style als sie hast. Sind die Sachen nicht gut kombiniert, bist du nur ein teuer angezogener Blindgänger. Punkt. Das kannst du überall beobachten. VIPs, die mehr Geld als Gott haben, schaffen es nicht, ein vernünftiges Outfit zusammenzustellen. Viele von ihnen bezahlen dafür sogar Stylisten, die den Job für sie erledigen!

Finanzielle Verpflichtungen sind also kein Grund dafür, sich nicht gut anzuziehen oder sich in seinen Klamotten nicht wohlzufühlen. Dem ist nicht so! Wer knapp bei Kasse ist, muss improvisieren – und genau da kommt die Magie ins Spiel. Es macht mir tierische Freude, jemandem, der mein Kleid mag, zu sagen, dass es aus dem Laden um die Ecke stammt und nicht mal 50 Euro gekostet hat. All das bringt einen zu der Erkenntnis: Ja, man muss auf sein Budget achten, aber es muss kein einschränkender Faktor sein. Nimm es einfach als Ansporn, das Beste daraus zu machen.

Dein Körper

Natürlich hat eine eins achtzig große Frau andere Sachen im Schrank als eine wesentlich kleinere, und zwar nicht nur wegen ihres unterschiedlichen Geschmacks, sondern auch, weil ihnen Sachen unterschiedlich gut stehen und passen. Du kannst unabhängig von deiner Größe oder deines Gewichts toll aussehen, entscheidend ist, dass du dir deiner Maße bewusst bist, um sinnvolle Entscheidungen treffen zu können. Bist du groß und schlank und trägst unförmige Kleider, tut dein Outfit nichts für dich. Hübschst du es aber mit Farben und Proportionen auf, wird es dir viel eher schmeicheln. Je mehr du experimentierst, desto erfahrener wirst du im Umgang mit Outfits, die zu deiner Körperform passen.

Dein Alter

Es macht mich verrückt, wenn ich lese, dass man ab 40 gewissermaßen unsichtbar sein sollte. Erst recht, weil ich weiß, dass ich auch irgendwann mal 40 werde und mich »unsichtbar« kleiden ganz sicher nicht auf meiner persönlichen Agenda steht! Ich möchte trotzdem ein paar Worte dazu verlieren, dass Mütter und Töchter nicht das gleiche anziehen sollten, wenn sie zusammen ins Kino gehen. Mit zunehmendem Alter verändert sich natürlich auch die Art, wie du dich kleidest. Dein Style sollte sich, so wie alles andere in deinem Leben, weiterentwickeln. Es geht dabei aber nicht darum, sich zu verstecken oder keinen Spaß mehr zu haben, es geht darum zu wissen, wer man ist und Veränderungen mit Würde zu begrüßen.

Es regt mich aber genauso auf, wenn Teenager sich wie 35-jährige Frauen anziehen. Warum? Weil es in meinen Augen eine wichtige Komponente des persönlichen Style ist, wertzuschätzen, wer man jetzt ist, und nicht, wer man glaubt, sein zu müssen.

Deine Regeln

Wo soll man die Grenze ziehen? Wir alle haben unsere Vorstellungen davon, was wir mögen und was nicht, und das übertragen wir auch auf die Art, wie wir uns kleiden. Trägst du lieber eine Brille statt Linsen? Wie stehst du zu Pelz? Bist du Veganer? Was hältst du von Fast Fashion? Sind UGG-Boots und Leggings ein fester Bestandteil deiner Garderobe?

All das beeinflusst, wie du dich kleidest und welche Facetten du zum Ausdruck bringen willst. Bist du eine Veganerin, die auf abgefahrene Sonnenbrillen steht, dann hast du spezielle, klare Anhaltspunkte, nach denen du dich richten kannst.

Manch einen macht vielleicht die Vorstellung unruhig, sich Grenzen setzen zu müssen. Aber: Im kreativen Prozess ist es durchaus hilfreich zu wissen, womit du dich wohlfühlst.

Trotzdem sollte man niemals nie sagen, also nichts komplett ausschließen. Ich habe mal ein Paar UGG-Boots geschenkt bekommen (dabei habe ich diese Schuhe jahrelang heimlich gehasst) – und jetzt bin ich konvertiert. Sie sind echt bequem!

✳ ✳ ✳

WIE DU DEINEN STYLE ENTWICKELST

Wenn es darum geht, bei irgendeiner Sache erfolgreich zu sein, ist Experimentieren der Schlüssel. Etwas versuchen, es noch mal versuchen, scheitern – und weitergehen. Du musst neue Sachen ausprobieren, um zu lernen, was funktioniert und was nicht. Das ist ja logisch: Je mehr Informationen du über ein Thema hast, desto bessere Entscheidungen kannst du treffen. In puncto Kleidung gibt es so viele Möglichkeiten, dass du ein sehr klares Bild von deinem wirklichen Geschmack bekommst, wenn du verschiedene Optionen erprobst.

Suche nach Stilikonen und Inspirationen

Wenn du erst jetzt aus deinem Jeanskoma aufwachst, dann wird dieser Prozess recht einschüchternd sein: Wo sollst du anfangen? Was zum Teufel sollst du kaufen? Sollst du einfach losziehen, ein paar Sachen kaufen und hoffen, dass das schon irgendwie passt? Klar kannst du das machen, aber ich würde dir nicht dazu raten. Mein Vorschlag wäre: Orientiere dich an Menschen, die in deinen Augen einen guten Style haben und nutze das, was sie gelernt haben, für deine eigene Entwicklung. Beobachte sie und übernimm, was dir gefällt. Warum das Rad neu erfinden?

Du kannst überall Inspirationen finden, da gibt es keine Einschränkungen. Die Farben der Uniform des Postboten können deine Fantasie genauso anregen wie die glitzernden Augenlider einer Dragqueen. Es spielt keine Rolle, woher die Einflüsse und Ideen kommen, solange sie deine Seele erfreuen und deine Vorstellungskraft ankurbeln.

Erstelle eine Style-Bibel

Am besten besorgst du dir ein großes Notizbuch mit weißen Seiten. Das ist ab jetzt deine persönliche Style-Bibel. Meine liebsten sind von Moleskine, ganz besonders die DIN-A4-Notizbücher eignen sich aus meiner Sicht sehr gut für diesen Zweck.

Du kannst darin alles sammeln, was dir zum Thema Style einfällt und – das ist ein guter Anfang – deine persönliche Stylegeschichte aufschreiben: die Erinnerungen an deine Lieblingskleider; was deine Mutter trug, wenn sie ausging; wie dich ein Make-up-Artist mal so richtig toll geschminkt hat … Oder du schreibst einen langen Liebesbrief an alle Schuhe, die du dir nicht gekauft hast. Du kannst auch Fotos von deinen besten und schlimmsten Fashion-Momenten einkleben. Was hat dich bisher inspiriert? Mit welchen Outfits bist du ein großes Risiko eingegangen und hattest Erfolg damit? Schreibe über den Look deiner Freundinnen: Was funktioniert bei ihnen gut? Und wie könntest du etwas von ihrem Flair in deine Kleidung bringen? Schreibe all deine Gedanken auf, klebe Bilder ein, mache dir Listen von Dingen, die du gern hättest, und zeichne zukünftige Outfits.

Mit all diesen Aktionen weckst du deine eigenen Ideen im Hinblick auf Looks, Ästhetik, Fashion und Style. Wenn man sich nicht so oft mit etwas beschäftigt, kann man schlecht eine Meinung dazu entwickeln. Deine Style-Bibel ist ein guter Anfang, um ins Thema zu kommen. Du wirst merken, wie viele Möglichkeiten und Optionen es zu entdecken gibt. In Sachen Mode und Style ist nichts verboten. Damit auf dem Papier zu experimentieren ist eine gute Möglichkeit, mehr über dich und deinen Geschmack herauszufinden.

Veranstalte einen Style-Tausch

Wenn du stylische Freundinnen hast, dann lohnt sich das sehr! Du brauchst nur freiwillige Teilnehmer, etwas Sekt (just for fun) und eine Location!

Die Sache ist ganz einfach: Jede von euch bringt ein paar Teile mit, die sie nicht mehr trägt und deshalb tauschen will, wie der Name der Veranstaltung schon sagt. Wenn du dich schwer tust, deine Sachen herzugeben, kannst du auch mit Accessoires beginnen. Idealerweise habt ihr am Ende alle ein paar neue Stücke – und wenn nicht, ist das auch nicht das Ende der Welt. Immerhin hattet ihr eine gute Zeit zusammen!

Mache Fotos von deinen Outfits

Davon rede ich eigentlich schon seit 2006. Wenn du das bisher nicht tust, solltest du ernsthaft darüber nachdenken. Du musst die Fotos ja nicht online stellen. Es geht nur darum, dass du dich weiterentwickelst.

Am besten machst du eine Reihe von Fotos, von vorne, von der Seite und von hinten; das ist sehr hilfreich, um deinen Look wirklich zu beurteilen. Nur wenige wissen, wie sie von hinten aussehen, das allein kann also schon ein Aha-Erlebnis sein!

Speichere die Bilder auf deinem Computer, ordne sie nach Datum (ich bin, wie gesagt, Sternzeichen Jungfrau, den Ordnungssinn kriegt man aus mir nicht raus) und schaue sie dir von Zeit zu Zeit an. Wie haben sich deine Outfits mit der Zeit verbessert? Du kannst dir dazu auch Notizen machen. Dadurch schulst du dein Gespür für Ästhetik und lernst, was deinen Körper am besten aussehen lässt.

Irgendwann werden dir Details auffallen, etwa, dass du durch eine horizontale Linie (einen Gürtel, Querstreifen, Bänder am Schuh) breiter wirkst. Du wirst einen Unterschied erkennen, wenn du weiße Strumpfhosen oder schwarze trägst. All diese

Sachen schärfen deinen Blick dafür, wie du wirklich aussiehst, was deine Schokoladenseiten sind und wie du sie betonen kannst. Du wirst feststellen, wie anders gute Unterwäsche wirkt, welche Rocklänge dir schmeichelt, was für Schmuck dir steht und welche Ärmel für dich ideal sind. Und während du all das herausfindest, wird dein Selbstbewusstsein wachsen.

Bastle dir ein Inspirationsboard

Besorge dir eine große Pinnwand im Baumarkt oder im Schreibwarenladen, sie kosten nicht viel. Und wenn du irgendetwas in einer Zeitschrift siehst, das du gern mal ausprobieren willst, schneidest du es aus und pinnst es an die Wand. Das kann ein komplettes Outfit sein, aber auch ein Detail: die Art, wie jemand einen Gürtel trägt, eine Strumpfhose oder einfach nur eine schöne Stimmung. Wenn du dein Inspirationsboard neben deinem Kleiderschrank aufhängst, kannst du beim Anziehen draufschauen. Auf diese Weise wirst du deiner Sachen nicht so schnell überdrüssig, weil du immer neue Ideen hast, um sie anders zu kombinieren.

Das Beste an einer Pinnwand ist, dass man sie ständig verändern kann. Deshalb ist diese Methode ideal für wechselhafte und hyperkreative Geister.

Lade dir eine Outfit-App aufs Smartphone

Die moderne Welt ist so cool! Eine meiner Lieblingsapps heißt Stylebook. Du kannst damit alle Teile aus deinem Kleiderschrank fotografieren und dann verschiedene virtuelle Outfits zusammenstellen. Auf diese Weise siehst du auf einen Blick, was du alles hast. Wunderbar! Du fühlst dich wie Cher Horowitz aus »Clueless«.

Mit einer App wie Stylebook kannst du sogar Outfits wiederherstellen, die du mal getragen und als »nur bedingt erfolgreich«

abgespeichert hast. Mache dir auch hier Notizen, was du anpassen oder hinzufügen könntest (Gürtel oder Accessoires), damit der Look cooler wird.

Aus so etwas kann sich eine Art ewiges Projekt entwickeln – und genau das ist Style ja auch. Die Mode verändert sich dauernd und sie wird von Magazinen vorgegeben. Style dagegen hat tiefe Wurzeln, er entwickelt sich nach und nach – und das, was am besten zu dir passt, setzt sich durch.

Nichts ist für immer

Viele von uns haben Hemmungen davor, klipp und klar zu sagen: »So, das ist jetzt mein Style, und der bleibt für immer so.« Ehrlich gesagt wäre es auch etwas seltsam, für immer am ewig Gleichen festzuhalten. Dein Geschmack wird sich entwickeln und verändern.

Du musst dich also nicht auf Dauer zu etwas verpflichten. Sobald du merkst, dass sich dein Style im Laufe der Zeit ganz natürlich, ja fast organisch verändert und du dich immer wohler damit fühlst, wird dir das eine Menge Angst nehmen.

Bemühe dich

Der letzte Aspekt, und das ist der wichtigste, dreht sich darum, wie wichtig es ist, sich Mühe zu geben. All das theoretische Wissen bringt uns nicht einen Zentimeter weiter, wenn wir die Erkenntnisse nicht in der realen Welt umsetzen! Mache dir Notizen darüber, was du verbessern willst – ein neues Make-up oder High Heels, die du mit einem ungewöhnlichen Outfit kombinierst – und dann setze es um!

Es fühlt sich doch gut an, so richtig aufgehübscht zu sein. Erinnere dich an ein paar wunderbare Momente in deinem Leben: Mit hoher Wahrscheinlichkeit hast du dir Mühe mit deinem Outfit gegeben, weil du für einen bestimmten Anlass perfekt aussehen wolltest. Diese Momente passieren in der Regel nicht, wenn wir mit labberigen Leggings zum Laden um die Ecke laufen. Ich will damit nicht sagen, dass du ab jetzt jeden Morgen drei Stunden dein Gesicht mit Make-up bearbeiten sollst. Aber wenn du dir nur ein wenig mehr Zeit für dein Äußeres nimmst, wirst du dich viel wohler und selbstsicherer fühlen. Sogar ein cooles Paar Sneakers bekommt mit einem roten Lippenstift etwas Reizvolles und gibt deinem Outfit das gewisse Extra.

Anstrengungen werden immer belohnt, das gilt für alles im Leben. Wenn du ein wenig mehr Energie für deinen Look aufwendest, wird sich das auszahlen!

INSPIRATION IST ÜBERALL

Ich lasse mich von der ganzen Welt inspirieren: von einem Comedian ebenso wie von psychedelischen Weltraumbildern, außergewöhnlich gestylten Models, Liebespaaren, bunten Cowboystiefeln oder perfekten Retro-Pin-ups. All diese Dinge kitzeln unterschiedliche Regionen meines Gehirns, sodass ich neue Sachen ausprobieren will. Ich möchte nicht nachmachen, was ich gesehen habe, sondern eine ähnliche Haltung ausstrahlen oder in eine vergleichbare Stimmung kommen.

Und genau darum geht es doch bei Inspiration: Sie sollte eher eine Hommage an etwas oder jemanden sein als bloße Nachahmung. Sonst könntest du ja genauso gut auf ein Kostümfest gehen. Die Idee ist, etwas von einem anderen zu nehmen und es entweder zu verbessern oder zu personalisieren, sodass es besser zu dir passt und deinem Style entspricht. Das ist weder seltsam noch hinterhältig, so ist die Welt nun mal. Jeder borgt sich irgendetwas von anderen. Dabei sollte man allerdings vermeiden, eine komplette Kopie zu sein. Das wäre so, als würde über deinem Kopf ein riesiges Schild leuchten, auf dem steht: »Ich habe keine eigenen Ideen.«

Wenn du unsicher bist, wo du Inspirationen sammeln kannst, dann schaue doch einfach im Internet, da werden dir eine Menge Anregungen begegnen. Pinterest ist dafür großartig, eine echte Fundgrube. Ich bekomme viel Inspiration von den wilden Menschen der Geschichte. Seit Urzeiten mussten sich die Leute irgendwie anziehen – und einige hatten das wirklich drauf. Hier ein paar Stilikonen, die sich über Jahrzehnte gehalten haben: Coco Chanel (ihre androgynen, entspannten Looks und ihre klaren Farben werden bis heute imitiert). Little Edie aus dem Film »Grey Gardens«. Edie Sedgwick (Andy Warhols Muse und eine Revolutionärin in Sachen Style). Isabella Blow (sie trug immer Hut und Lippenstift). Jackie Onassis (inspirierte eine ganze Generation von Frauen, sich schön anzuziehen). Dita Von Teese (brachte den Glamour und Pin-up-Style zurück). Gwen Stefani (riskiert immer etwas, behält dabei aber stets ihre eigene Handschrift). Diana Vreeland (liebte Rot und hatte eine sehr originelle Vorstellung von Mode). Marilyn Monroe (das klassische Sexsymbol). Audrey Hepburn (zeigte uns, wie verführerisch Anmut sein kann). Kate Moss (immer ihrer Zeit voraus und eine wahre Wegbereiterin). Carrie Bradshaw (nicht real, aber großartig) ... Ich könnte noch viele mehr nennen.

Du musst dich nicht an das Altbewährte halten. Beim Durchstöbern historischer Fotoarchive kann man auf wahre Schätze stoßen. Dort, wo viele interessante Menschen zusammenkommen, findet sich auch jede Menge Inspiration. Man denke nur an die Outfits von Woodstock oder an die Leute, die im legendären New Yorker Künstlerhotel »Chelsea« in der 23. Straße abgestiegen sind. Was ist mit den frühen Punks in London oder den Jugendlichen in den 50ern? Auch das Stadtviertel Harajuku in Tokio ist berühmt für junge Menschen, die sich dort mit fantasievollen Outfits zeigen. Selbst wenn es außerhalb deines Budgets liegt, an solche Orte zu reisen, kannst du in Büchern nachlesen, im Internet recherchieren oder mit Menschen sprechen, die dort schon waren.

Gehe einfach ohne Scheu auf ästhetische Beutejagd. Nimm alles auf, was dich anspricht, dir gefällt oder zu etwas Grandiosem inspiriert, und sammle es in deiner Style-Bibel. Benutze die Eindrücke, um neue Outfits zu kreieren. Du kannst die Bilder auch ans Kopfende deines Bettes hängen, um stylische Träume zu haben. (Aus meinen Träumen sind übrigens einige meiner besten Outfits entstanden!) Die Hauptsache ist, dass du keine Angst davor hast, alles Erdenkliche zu benutzen, um dein Leben in jeglicher Hinsicht zu verschönern.

FÜGE ALLES ZUSAMMEN

Es gibt keine Regeln, egal, was die schrecklichen TV-Shows auch behaupten mögen. Es gibt nur Ideen, die man ausprobieren kann. Hier sind einige, über die du nachdenken kannst.

Du musst nicht an einem Look oder Style festhalten. Das wäre wie Anziehen nach Zahlen. Gähn. Warum soll man nicht mal Grunge (Flanellhemden, zerrissene Jeans oder Babydollkleider) kombinieren mit New Wave (starkes Augen-Make-up, gestreifte T-Shirts, Plastikarmreifen), Rave (grelle Farben, »Schmuck für Kinder«, Bodyglitter), Gothic (Schwarz, Kruzifixe, dunkles Make-up), Punk (Dr. Martens, Reißverschlüsse, Nieten) oder Pin-up (Strumpfhalter, Nahtstrümpfe, roter Lippenstift)? Fülle deinen Schrank mit wunderbaren Sachen, die dich begeistern. Warum kaufst du dir nicht einen Turban, einen fluffigen Kunstpelzmantel, Fetischschuhe, Sonnenbrillen für alle möglichen Stimmungen, Pailletten, riesige Ohrringe, Seidenschals oder maßgeschneiderte Kleider? Oder du ziehst einen Smoking, ein langes Kleid, ein Cape, eine Lederjacke an. Du kannst frische Blumen ins Haar stecken, mehrere Uhren tragen, fingerlose Handschuhe in einer schockierenden Farbe überziehen. Vielleicht willst du auch Vintage-Sachen sammeln: Broschen, verrückte Brillen und Diademe. Oder du trägst Rüschen, Prints, einen zotteligen Pelz oder Fransen.

Überrasche dich selbst. Nutze jede Situation, um in Sachen Style etwas Neues auszuprobieren. Und wenn es wirklich schlimm aussieht, kannst du immer noch nach Hause gehen. Es ist nie so schrecklich, wie man selber denkt.

In der Mode ist es wie in der Architektur, die Ausgewogenheit der Proportionen entscheidet. Wenn du einen weiten Rock anhast, dann kombiniere dazu ein enges Top. Und wenn du ein lockeres Hemd trägst, ziehe dazu eine enge Hose oder einen kurzen Rock an. Das Zauberwort lautet: Kontraste. Ein raffiniertes Kleid braucht nicht noch eine aufwendige Frisur. Roter Lippenstift wirkt am besten mit einem dezenten Make-up. Du versteht, was ich meine. Versuche, Klischees oder komplett gegensätzliche Elemente miteinander zu kombinieren. Wie wäre es mit einem Blümchenkleid und einer Motorradjacke?

Kannst du deinem Look eine neue Silhouette geben, mehr Tiefe erzeugen oder ihn durch einen optischen Trick verbessern? Vielleicht wirken deine Beine mit einem Rock in A-Linie und hohen Absätzen ultralang. Oder ein Gürtel um deine Strickjacke sorgt dafür, dass deine Kurven betont werden. Toupiere dir die Haare und steck sie dann zusammen. Trage eine riesiges Collier oder ein hauchzarte Kette. Teste aus, wie sich Muster und Drucke auf deine Hautfarbe auswirken. (Das ist im Spiegel manchmal schwer einzuschätzen, mache lieber ein Foto.)

Nimm ein Kleidungsstück, ein Paillettenbolero oder ein Paar total abgefahrene Schuhe, und gestalte dein Outfit drum herum. Darauf liegt der Fokus, den Rest wählst du dementsprechend aus. Auch wenn es lustig aussehen mag, wie eine Diskokugel zu wirken, weniger ist in der Regel mehr.

Du kannst die Sachen wild durcheinander mixen: nagelneue Teile mit Vintagestücken, zum Beispiel einen abgetragenen Samtblazer mit einem luftigen Sommerkleid. Oder du kombinierst unterschiedliche Stoffe, Jeans mit Seide, Leder mit Wolle. Probiere Dinge aus, die du normalerweise nie anziehen würdest, zum Beispiel einen Jumpsuit mit hochhackigen Schuhen oder Shorts mit Hut. Es mag albern aussehen, es könnte aber auch dein neuer Signaturelook sein. Du wirst es nie wissen, wenn du es nicht ausprobierst.

Achte auf die Sachen, die dir immer wieder gefallen. Daraus lernst du viel über deinen Style. Ich ziehe immer wieder Röcke in A-Linie oder pinke Sachen an. Und vermutlich könnte mein zweiter Vorname auch Elster lauten, wenn man bedenkt, wie magisch ich von allem angezogen werde, das glitzert.

Du entdeckst bestimmt auch Vorlieben, wenn du deine Style-Bibel durchblätterst oder dein Inspirationboard analysierst. An meinem Board hängt zurzeit ein Aquarell meiner Freundin Louise Androlia. Es zeigt ein Mädchen mit einem Stern auf der Stirn, eine Frau mit einem marineblauen Rollkragenpullover, der in einem 50er-Jahre-Tellerrock steckt, sowie eine Blondine, die ein weißes Shirt, pinke Anzughosen, einen pinken Mantel und schwarz-weiß gestreifte Schuhe trägt. Klasse! Ich denke so viel über meinen Style und meinen Geschmack nach, dass ich sofort sagen kann, wie sehr all diese Details zu mir passen. Jedes Bild an meinem Board spricht Bände über meinen eigenen Stil, meine Neigungen und wofür ich mich interessiere.

Was die Accessoires betrifft, so gefallen uns einige Sachen besser als andere. Die einen lieben Gürtel, die anderen Hüte oder Handtaschen. Wieder andere stehen auf Schuhe, Make-up oder Hosen. Ich bin ziemlich verrückt nach all diesen Dingen, was mein Leben recht kostspielig und gefährlich macht! Ich bin allerdings der Meinung, dass es schon in Ordnung geht, wenn man in Sachen Ausstaffierung ein wenig verrückt ist. Der Grund dafür ist eigentlich einfach: Accessoires peppen jedes Outfit auf. Du brauchst nicht so viele Klamotten, wenn du eine Kommode voller Accessoires hast, mit denen du sie aufpeppen kannst. Ein einfaches schwarzes Kleid wirkt je nach »Zubehör« ganz unterschiedlich. Darum ist es auch wert, mit all diesen Dingen zu experimentieren. Außerdem bin ich der Ansicht, dass man Accessoires nicht wegschmeißen sollte, es sei denn, sie sind kaputt oder irgendwie nicht mehr zu gebrauchen. Man weiß ja nie, ob man sie vielleicht nicht doch noch einmal gebrauchen kann. Das habe ich schon mehrmals schmerzlich durchlebt. Und jetzt hebe ich alle Accessoires auf, auch wenn Umzüge dadurch zu einem ziemlich umfangreichen Abenteuer werden. Es gibt nichts Frustrierenderes als Momente wie diesen: »Oh, dazu passt mein großer Armreif perfekt!« – und dann merkst du, dass du ihn bei irgendeiner übertriebenen Ausmistaktion weggeworfen hast. Seufz.

Beziehe ruhig auch preiswerte Accessoires ein. Man kann so tolle Dinge für wenig Geld kaufen oder selber machen. Ich liebe es, auf Beutezüge in Perlenläden zu gehen, um mir zum Beispiel aus Glasperlen eine Kette zu basteln. Wie schon gesagt, deine Outfits müssen nicht aus millionenschweren Teilen bestehen. Viele meiner Lieblingsstücke haben mich fast nichts gekostet.

Bei Schuhen ist es allerdings ein Fehler, etwas Billiges zu kaufen. Du musst dich nämlich gut um deine Füße kümmern. Kaufe dir hochwertige Schuhe – und so sehr du auch deine High Heels magst, trage sie nicht die ganze Zeit. Tausche sie ab und an durch Sneakers oder Stiefel aus, die bequemer sind. Wenn du herumstolperst, siehst du nicht nur wenig elegant aus, du schadest auch längerfristig deinem Rücken. High Heels sind das nicht wert!

WIE DU DIR DAS STYLEN LEICHTER MACHST

Es ist schwer, sich gut anzuziehen, wenn man gar keinen Überblick über das hat, was man alles besitzt. Du solltest in der Lage sein, die Optionen ohne Stress auszumachen. Das bedeutet zunächst einmal, dass du deinen Schrank aufräumen musst! Sei gnadenlos! Spende oder verkaufe alles, was du nicht magst, nicht trägst oder dir nicht passt.

♥ Schaffe etwas Platz, damit du deine Accessoires – Hüte, Schmuck etc. – auslegen kannst. Es sollte dir Freude bereiten, das alles anzuschauen. Ist dem nicht so, dann ist es wohl an der Zeit, dich davon zu trennen. Wenn du deine Kleidung und Accessoires so ordnest wie in einem Geschäft, dann wird das Stylen eine wesentlich einfachere und angenehmere Prozedur. Natürlich hat keiner von uns Hunderte von Quadratmetern, um jedes Teil ausbreiten zu können oder auf Schaufensterpuppen zu drapieren. Aber du kannst zumindest ein wenig Platz schaffen, um deinen Sachen den gebührenden Raum zu geben – du wirst den Unterschied merken.

♥ Plane deine Outfits für den nächsten Tag schon am Abend zuvor. Nimm die Sachen aus dem Schrank und hänge sie an die Tür. Wenn du morgens aufwachst, siehst du sie als erstes. Das mag sich albern anhören, es nimmt aber eine Menge Druck aus deiner Morgenroutine, wenn du weißt, was du anziehst. Kein nervöses Herumtapsen vor dem Spiegel in zwei unterschiedlichen Schuhen, um zu sehen, welcher besser passt; kein hektisches Suchen nach einem guten BH; keine Panik, es könnte keine passende Strumpfhose ohne Laufmasche geben … Das klingt doch himmlisch, oder?

♥ Besorge dir ein »Hollywood Fashion Tape«, das ist ein doppelseitiges Klebeband, das in einer pinken Schachtel verpackt ist. (Du kannst auch ganz normales doppelseitiges Klebeband verwenden, allerdings hält es vielleicht nicht so gut.) Ein echter Lebensretter, keine Übertreibung! Ich weiß gar nicht, wie ich vorher ohne klargekommen bin. Das Tape ist absolut genial, um Träger zu fixieren oder Rocksäume zu kleben. Ich benutze es auch, um ein trägerloses Kleid in Position zu halten oder Gürtel und Strümpfe zu fixieren. Probiere es aus, du wirst wie ich begeistert davon sein.

♥ Entdecke die fantastische Welt von Schuheinlagen. Sie sind wirklich unglaublich, weil sie einen tödlichen Schuh wieder tragbar machen, Slingpumps an der Ferse halten und zu großen Schuhen den perfekten Sitz geben. Sie polstern außerdem, sodass man nicht jeden Schritt bis in den Rücken spürt. Wie gesagt, es ist wirklich wichtig, seine Füße gut zu behandeln, also kaufe dir passende Einlegesohlen und packe sie in deine Schuhe.

♥ Trage Unterwäsche, die dir gut passt und in der du hinreißend aussiehst. Ich weiß schon, dass das ein bisschen kniffelig ist in einer Welt, in der man fünf Slips für 20 Euro bekommt, die dann irgendwie nicht gut sitzen und man sie trotzdem trägt, weil sie so günstig waren.

Jetzt schlage ich etwas ganz Verrücktes vor: Lasst uns kein Geld ausgeben für Dinge, die ihre Funktion nicht erfüllen. Nimm dir die Zeit, um Unterwäsche zu kaufen, die passt! Das bedeutet, dass sie bequem ist; nicht ausbeult wie ein Kartoffelsack und auch nicht einschneidet, weil sie zu eng am Bein oder an den Hüften ist. Schlecht sitzende Unterwäsche kann unerwünschte Röllchen selbst bei der schlanksten Person erzeugen. In guter Unterwäsche fühlst du dich sexy und schön. Deshalb ist es das Geld und die Zeit sehr wohl wert, ordentliche Sachen zu kaufen.

Du kannst ein schönes Kleid nicht über zu enge Unterhosen ziehen und erwarten, dass das super aussieht. Das wird nicht funktionieren. Dieser Tipp gilt übrigens gleich zehnfach für BHs. Mit dem richtigen BH wirkst du aufrechter, er macht dir ein tolles Dekolleté und rutscht nicht nach oben. Er schneidet nicht in die Haut und verformt deine T-Shirts nicht. Du siehst darin grandios aus, selbst wenn du winzige Brüste hast. Ehrlich, mit guter Unterwäsche bist du ganz weit vorn. Übrigens: »Magische Unterwäsche« ist tatsächlich magisch. Sie kommt in allen möglichen Varianten daher: Manche Teile heben den Hintern und machen die Schenkel dünner, andere sorgen für einen flacheren Bauch und wieder andere lassen den gesamten Torso schlanker wirken. Jeder Promi auf dem roten Teppich trägt so etwas, du brauchst dich also nicht scheuen, ein bisschen Magie anzuwenden. Diese Unterwäsche existiert aus gutem Grund!

♥ Leiste dir einen Ganzkörperspiegel und schaue dich beim Anziehen darin an. Ich glaube, mehr muss ich dazu nicht erklären.

HAUSAUFGABEN

♥ **GEHE DURCH DEINE SACHEN UND MISTE GNADENLOS AUS!**
Die Zeit ist gekommen, deinen Schrank aufzuräumen, mein Schatz. Was nicht mehr passt, die falsche Farbe hat, nicht mehr deinem Geschmack entspricht oder über ein Jahr nicht mehr getragen wurde, muss gehen. Verkaufe oder spende die Sachen. Auf diese Weise schaffst du Platz für Neues und Wunderbares in deinem Leben!

♥ **WAS SAGT DEIN STYLE DEM REST DER WELT?**
Sei auch hier gnadenlos. Wenn du nicht einschätzen kannst, welche Botschaft dein Styling aussendet, dann frage eine ehrliche Freundin um Rat. Gefällt dir die Wirkung, die deine geschmacklichen Entscheidungen erzeugen? Wenn nicht, dann ist jetzt Zeit, das zu ändern!

♥ **ENTDECKE DEINE STILIKONEN UND LASSE DICH INSPIRIEREN.**
Stilikonen findet man überall: historische Persönlichkeiten, Filmfiguren oder Charaktere aus einem Buch. Du kannst dir Fotos ausdrucken, die dich inspirieren und ermutigen, etwas in Sachen Garderobe zu wagen. Im Idealfall pinnst du Bilder von ihnen an dein Inspirationsboard neben deinem Schrank, um schnelle Inspiration beim Anziehen zu bekommen.

♥ **PROBIERE NEUE DINGE AUS!**
Wenn du jahrelang ein eingefleischter Gothic-Fan gewesen bist, dann ziehe doch einfach mal eine blaue Jeans an. Wenn du in einem Countryclub arbeitest, experimentiere damit, deinem Look etwas mehr Ecken und Kanten zu verpassen. Und wenn du noch nie deine Haare gefärbt hast, dann teste doch mal eine andere Nuance. Du weißt nicht, ob es dir gefällt, bis du es ausprobierst. Und zum Glück sind nur wenige Dinge für die Ewigkeit.

195

♥ **HÖRE NIE AUF, DICH ZU VERÄNDERN!**
Es gibt keine Regeln, was Style betrifft. Nur eine vielleicht: Bleibe nicht stehen. Vielfalt hält das Leben frisch und reizvoll. Also sei nicht ängstlich, in deinem Lebensbuch eine neue Seite aufzuschlagen ... und zwar mehr als nur einmal!

Kleide dich so, dass es dich glücklich macht, anstatt ständig nach Perfektion zu streben. Das wirst du nie erreichen, denn so etwas wie Makellosigkeit gibt es nicht.

#RSLBOOK

KAPITEL 7

VERHALTENSTIPPS FÜR DAS BABE VON HEUTE

Über Etikette, Anstand und Hinreißendsein für Anfänger!

DER ERSTE EINDRUCK ZÄHLT

Viele Redewendungen gibt es aus gutem Grund: weil sie wahr sind. Dass es für den ersten Eindruck keine zweite Chance gibt, stimmt zu 100 Prozent. Egal wie gebildet wir sind, wir alle beurteilen ein Buch – wie schon gesagt – nach seinem Cover. Der erste Eindruck beinhaltet weit mehr als deine Kleidung oder dein Parfüm. Er passiert intuitiv, kommt aus dem Bauch und beschützt uns, weil er uns wichtige Hinweise gibt, ob eine Person vertrauenswürdig ist oder ob wir Zeit mit verbringen wollen.

Denke nur mal an all die Menschen, die du bisher in deinem Leben getroffen hast. Einige haben wahrscheinlich sofort ein ungutes Gefühl hinterlassen, das du nicht mehr so leicht losgeworden bist. Bei anderen wiederum hast du dich gleich aufgehoben und locker gefühlt.

Es ist leicht, über den ersten Eindruck zu reden, den andere auf dich machen. Aber wie sieht es mit dem ersten Eindruck aus, den andere von dir haben? Einen Schritt zurück zu treten und sich selbst objektiv einzuschätzen, ist wesentlich schwieriger, weil wir alle gern glauben möchten, dass wir so umwerfend sind, dass uns keiner widerstehen kann.

Nur leider funktioniert das Leben nicht immer so, wie wir es uns vorstellen. Du kannst der wunderbarste Mensch sein – und ich bin sicher, das bist du auch! – und trotzdem erkennen die anderen das nicht. Selbst wenn sie es später herausfinden, bist du im ersten Augenblick einfach nur ein unbekanntes Gesicht. Sie haben keine Ahnung, wer du bist oder woher du kommst, was du so machst und ob du überhaupt Interesse an ihnen hast. Sie können nur nach dem gehen, wie du dich ihnen gegenüber verhältst. Welchen ersten Eindruck hinterlässt du also in der Regel? Bist du auf dein Gegenüber konzentriert, strahlen deine Augen? Lächelst du? Schüttelst du die Hand deines Gesprächspartners, umarmst du ihn, gibst du ihm ein Küsschen? Gehst du in einem Raum auf Fremde zu oder suchst du lieber nach einem bekannten Gesicht? All diese Dinge ergeben ein Gesamtbild, das anderen sagt, wer du bist.

Behalte immer im Hinterkopf, dass die Leute, die du kennenlernst, keinen blassen Schimmer haben, wer du bist und du jedes Mal von null beginnst. Damit schaffst du ein Bewusstsein dafür, wie du auf andere wirkst und bestärkst dich darin, dich von deiner besten Seite zu zeigen. Das hilft dir hoffentlich, neue Freundschaften fürs Leben zu schließen oder zumindest dafür zu sorgen, dass die Leute dich grandios finden.

❋ ❋ ❋

JEMANDEN NEUES TREFFEN

Manche von uns lieben es, dauernd neue Leute kennenzulernen, während andere dem nicht so viel abgewinnen können. Verständlich, denn solche Situationen können ein wenig einschüchternd sein: Was, wenn uns andere nicht mögen? Was, wenn wir sie nicht mögen? Was, wenn wir nichts zu bereden haben oder in einen riesigen Fettnapf treten? Ganz ruhig, mein Kätzchen. Das ist okay. Ich zeige dir, wie du solche Situationen meisterst.

Falls du es unangenehm findest, neue Leute kennenzulernen, keine Sorge, du bist damit nicht allein. Selbst die größten Partylöwen fühlen sich manchmal überfordert. Besonders schwierig kann es sein, wenn man in einem fremden Land ist und sich nicht ganz im Klaren über die Sitten und Gebräuche ist. Soll man nicken und lächeln, Hände schütteln, umarmen, ein Küsschen geben, zwei oder vielleicht sogar drei? Soll man auf die Wange küssen oder nur in die Luft schmatzen? Und dafür hast du gerade mal zehn Sekunden Zeit! Was für einen Minenfeld!

Am besten fährst du in fremden Kulturen damit, die Leute um dich herum zu beobachten und dir von ihnen abzuschauen, was sie tun. Ist niemand da, der dir einen Hinweis gibt, kannst du tun, was dein Gegenüber macht oder was dir am sinnvollsten erscheint. Tritt mit genügend Selbstvertrauen auf, dann kommt dein Gesprächspartner in jedem Fall damit klar. (Vertrauen zu haben ist das Geheimnis des Universums.)

Es klingt vielleicht albern, aber beim Händeschütteln ist ein fester Griff sehr wichtig. Nicht so fest, dass du wie Hulk die Knochen des anderen zermalmst – das mag keiner und es wäre dominant, unhöflich und unnötig. Dein Händedruck sollte aber auch nicht so lasch und labberig sein wie ein toter Fisch. Die goldene Mitte ist dein Weg der Wahl. Menschen mit einem zu sanften Händedruck wirken weniger verbindlich, eher wie Wischiwaschi-Typen – und das ist ja nicht unbedingt der beste erste Eindruck. Außerdem solltest du Augenkontakt halten, wenn du andere begrüßt. Das vermittelt deinem Gegenüber, dass du vertrauenswürdig und ehrlich bist.

Warum ist der Händedruck so wichtig? Das ist doch eigentlich ein banales Thema, oder? Ist es nicht. Die American Psychology Association hat in einer Studie herausgefunden, dass Menschen mit einem festen Händedruck extrovertierter, offener für neue Erfahrungen und weniger neurotisch und schüchtern sind als Leute mit einem sanften, laschen Händedruck. Damit steht fest: Besser, du übst einen starken Händedruck!

Stelle dich beim Händeschütteln vor und sage »Hi, ich bin Griselda« oder etwas in der Art. Dabei schaust du dein Gegenüber an und lächelst. Am besten wiederholst du den Namen des anderen. So verankerst du ihn in deinem Gedächtnis und machst deinem Gesprächspartner zudem eine Freude. Wer hört nicht gern seinen eigenen Namen. Je häufiger du den Namen sagst, desto sympathischer findet dich der andere. Klingt simpel und haarsträubend, ist aber so.

Wenn es dir schwerfällt, dir Namen zu merken, knüpfe eine Assoziation damit. Vielleicht heißt eine berühmte Person genauso oder ein Wort reimt sich auf den Namen. Und falls du den Namen beim ersten Mal nicht genau verstanden hast, frage nach.

Es ist viel besser, das sofort zu klären, als den anderen später mit dem falschen Namen anzusprechen.

In der Regel wird man von einer anderen Person vorgestellt, die einen schon kennt. Das hilft meist, um die Unterhaltung in Gang zu bringen. Am besten funktioniert das, wenn die beiden Fremden von dem Dritten ein bisschen Information zueinander bekommen. Greife diesen kleinen Happen auf und nutze ihn: »Wow, du arbeitest also in der Raumfahrt! Das ist ja interessant. Wie bist du da hingekommen?« Wenn dir nichts dergleichen zur Verfügung steht, musst du mit den Basics anfangen: »Schön, dich kennenzulernen. Woher kennst du X?«

Sobald du den Namen kennst und Kontakt aufgenommen hast, ist es Zeit, das Gespräch anzukurbeln und, wie man so schön sagt, ein bisschen zu plaudern.

✳ ✳ ✳

KONVERSATION MACHEN

Das Geheimnis, ein glanzvoller Gesprächspartner zu sein, liegt nicht darin, viele abgefahrenen Storys zu erzählen. Es hat auch nichts damit zu tun, der Lauteste, der Lustigste oder der Aufgeschlossenste zu sein. Das Geheimnis ist, aufmerksam zuhören zu können. Schockierend, ich weiß. Vielleicht denkst du jetzt: »Wie zur Hölle soll mir das denn helfen, ein guter Gesprächspartner zu werden?« Nun, die Wahrheit ist, dass die Leute am liebsten über sich selbst reden. TATSACHE.

Das ist nun wiederum gar nicht so schockierend, oder? Die meisten Leute wollen hauptsächlich über Dinge reden, die sie unmittelbar betreffen. Wir sind sozusagen unser eigenes Lieblingsthema und wollen über unsere Hoffnungen, Wünsche und Ängste sprechen. Wir wollen über unsere Beziehungen diskutieren, über die Arbeit und andere Probleme. So ist es schon immer gewesen und so wird es auch künftig sein. Wenn du dich also, anders als die meisten, wirklich für deine Gesprächspartner interessierst, dann werden sie denken, dass du großartig bist.

Übe dich darin, den Menschen dein Interesse zu zeigen, denn das ist ironischerweise der beste Weg, um sie auch für dich zu begeistern. (Wenn du dich nicht so für den anderen interessierst, dann solltest du zumindest so tun als ob. Oder willst du einer der Langweiler sein, die immer nur über sich reden?)

Konversation ist eine echte Kunstform. Es gibt einige Tricks und verbale Feinheiten, um zu wissen, wann du sprichst oder lieber zuhörst, wann du eine weitere Frage stellen kannst und wann du besser still bist. Während manche von uns die geborenen Small Talker sind, brauchen andere ein gewisses Training dafür, und darauf läuft auch alles hinaus: Übung. Die gute Nachricht ist, dass du mit jedem und überall üben kannst, ob das der Postbote, deine Tante, der Kollege oder der Yogalehrer ist.

Eigentlich musst du nur lernen, Fragen zu stellen. Du solltest dabei allerdings nicht zu persönlich werden, denn die meisten Menschen wollen ihre tiefsten Geheimnisse lieber keinem Fremden anvertrauen. Es reicht, wenn deine Fragen interessant sind! Es gibt nichts Schlimmeres, als »Und, was machst du so?« Meine Güte, wen interessiert das? Frage mich nach meiner letzten Reise, meinen Hobbys oder was ich werden wollte, als ich noch klein war.

Im Allgemeinen empfiehlt es sich, leichte Gesprächsthemen auszuwählen. Trotzdem musst du keine Angst davor haben, auch mal ans Eingemachte zu gehen. Die meisten Benimmexperten würden davon abraten, in politische oder religiöse Themen einzusteigen. Das ist sicher eine gute Faustregel, auch wenn es sehr darauf ankommt, wo du dich befindest und was du dort machst. Willst du neue Leute auf einer Anarchistendemo oder bei einer Kirchengruppe kennen lernen, dann wäre es komisch, diese Themen zu umgehen.

Vermeide, übers Wetter zu reden, es sei denn, draußen geht gerade wirklich etwas Erschütterndes vor sich, das du nicht ignorieren kannst (ein Tsunami oder ein Vulkanausbruch, und falls das so sein sollte, was machst du eigentlich auf einer Party?!). Stelle Fragen, die den anderen dazu bringen, sich zu öffnen oder Dinge zu erklären. Am besten formulierst du dazu offene Fragen, also keine, die sich mit »Ja« oder »Nein« beantworten lassen. Du kannst fragen, woher der andere den Gastgeber kennt, du kannst Komplimente über das Outfit deines Gesprächspartners machen oder herausfinden, ob sie den Abend genießen. Manchmal braucht es auch nur ein bisschen Enthusiasmus, um eine Konversation in Gang zu bringen: »Es ist ganz wunderbar, hier zu sein. Auf diese Party freue ich mich seit Wochen!« Gute Laune ist unwiderstehlich und vor allem ansteckend. Jeder wird neben der Person sitzen wollen, die sich gerade richtig amüsiert.

Wenn du nicht weißt, wie du das Gespräch anfangen sollst, dann wähle einfach irgendein Thema und finde heraus, wie deine Gesprächspartner darüber denken. Du kannst deine Meinung natürlich auch einbringen, aber die Beiträge sollten vor allem von den anderen kommen. Sie werden dich klasse finden, weil sie dich für eine gute Zuhörerin halten. Du musst also gar nicht viel sagen. Das ist, wie mit dem Hund spazieren zu gehen: Du gibst die Richtung vor, den Rest machen die anderen.

Ich mag es, wenn die Menschen glücklich und zufrieden sind. Deshalb wirst du nicht erleben, dass ich auf einer Party über meinen langen Tag, meine beste Freundin, das Essen oder irgendwelche trivialen Sachen herziehe. Die Menschen gehen doch aus, um Spaß zu haben, und nicht, um neben jemandem zu sitzen, der über alles im Umkreis von zwanzig Metern schimpft. Wenn du einen Scheißtag hattest, und das kann natürlich mal passieren, dann versuche, das außen vor zu lassen. Nimm den Ärger nicht mit auf die Party, das bringt nichts und – schmerzhaft, aber wahr – es interessiert auch keinen. Also, sei lieber freundlich!

Willst du wirklich neue Freunde kennenlernen oder einfach nur einen guten Eindruck hinterlassen, dann ist es an dir, das Gespräch in Gang zu bekommen. Manche Menschen sind schüchtern und müssen ein wenig aus ihrem Schneckenhaus geholt werden. Wenn du dich nicht anstrengst, werden sie nichts sagen und keine Verbindung mit dir eingehen. Gehe voran, sei ausgelassen und zeige dich so aufgeschlossen wie möglich. Wenn das nicht selbstverständlich für dich ist – und das geht vielen so –, dann tue einfach so, als ob! Denke an deine superextrovertierte Freundin: Was würde sie in deiner Lage tun? Oder nimm dir ein Beispiel an einem deiner Vorbilder: Wie würde Beyoncé sich verhalten? Was würden Prince oder Bill Clinton machen? Visualisiere das und handle danach, so gut du kannst.

Es braucht nur ein wenig »so tun als ob«, bis die Sache von alleine läuft. Du fühlst dich dabei nicht so wohl? Das geht allen so, wenn sie etwas zum ersten Mal machen. Innerhalb von kürzester Zeit wirst du dich wie selbstverständlich mit ganz verschiedenen Leuten unterhalten können, weil du die Konversationstricks, die du dir von anderen abgeschaut hast, nach und nach verinnerlichst, bis sie ein Teil deiner Persönlichkeit sind. Das ist, wie gesagt, nur eine Frage der Zeit, denn auch hier gilt: Üben!

Scheue dich nicht, Fremde in ein Gespräch zu verwickeln – vor allem nicht, wenn du auf einer Party oder einem Event bist. Menschen gehen aus guten Gründen dahin: Sie wollen neue Leute kennenlernen, sehen und gesehen werden und ihre Freunde treffen. Falls dir mal jemand begegnet, der nicht besonders charmant ist, darfst du das nicht persönlich nehmen. Vielleicht hatte die Person einen schlechten Tag oder sie ist unglücklich. Und das ist nun wirklich nicht dein Problem. Suche dir einfach jemand anderen.

Die meisten Menschen freuen sich, angesprochen zu werden. Sie sind angetan davon, die Aufmerksamkeit eines anderen auf sich gezogen haben. Und sie freuen sich, nicht alleine in einer

Ecke stehen zu müssen. Meine Mutter hatte schon immer ein Talent dafür, auf die Schüchternen und Scheuen zuzugehen, die am Rand stehen, und sie mit einzubeziehen. Mein Vater macht sich manchmal darüber lustig, weil er eher der Typ ist, der mitten im Raum lautstark und mit Elan eine Geschichte zum Besten gibt. Aber das zeigt eben, dass wir alle unterschiedliche soziale Kompetenzen haben und die eine nicht weniger wert ist als die andere. Die Ruhigeren tummeln sich in einer Ecke, die Geschichtenerzähler sammeln sich anderswo und die Leute, die einfach nur tanzen wollen, finden auch einen Platz. Es kann eine Weile dauern, bis du die richtigen Taktiken gefunden hast, aber es lohnt sich, dran zu bleiben, denn so wahr der Himmel blau ist, wirst du noch zu vielen Partys eingeladen werden. Und du willst doch nicht zu Hause rumhocken. Oder?

Wenn du ein eher zurückhaltender Mensch und lieber allein bist, dann ist das natürlich okay. Dennoch solltest du so oft wie möglich vor die Tür gehen und andere Leute treffen. Ein Inseldasein zu führen hat seine guten Seiten, aber du lernst so viel mehr und dein Leben wird wesentlich aufregender und vielfältiger sein, wenn du andere Leute daran teilhaben lässt. Anstatt dich über die nächste Einladung zu ärgern, kannst du beschließen, der Sache eine Chance zu geben. Du musst ja nicht stundenlang bleiben. Anna Wintour, die Herausgeberin der »Vogue«, bleibt nur fünfzehn Minuten auf einer Party. Das ist genug Zeit, um kurz »Hallo« zu sagen, eine Runde zu drehen und sich wieder abzuseilen. Manchmal reicht das wirklich völlig aus. Ihre Effizienz ist doch bewundernswert!

Es kann natürlich auch helfen, eine gute Freundin mitzunehmen, am besten eine, die dich mit den richtig faszinierenden Menschen bekannt macht. Je mehr du ausprobierst, desto weniger schlimm wird das Ganze. Und nach kurzer Zeit fühlst du dich vielleicht schon wie ein Fisch im Wasser in der fremden Umgebung. Du musst einfach nur eintauchen. Du schaffst das!

✳ ✳ ✳

100 PROZENT CHARISMA – JEDERZEIT

Charisma ist eine undefinierbare Qualität, aber ich will es mal so beschreiben: Wenn du mit einer charismatischen Person sprichst, wirst du dich wie der einzige Mensch im Raum fühlen. Das ist selten und ein besonderes Gefühl, das man nicht vergisst. Du wirst einen solchen Menschen als außergewöhnlich im Gedächtnis behalten, als jemand, dem du sehr viel Sympathie entgegenbringst.

Viele Menschen unterhalten sich mit anderen, während sie im Kopf schon eine Exit-Strategie entwickeln oder den Raum nach einem ihrer Freunde oder irgendwelchen Prominenten absuchen. So jemand möchtest du nicht sein! Damit würdest du deinem Gegenüber das Gefühl geben, unwichtig, ausgeschlossen oder uninteressant zu sein. Und der andere würde sehr schnell das Weite suchen. Willst du ein Gespräch anfangen, egal wie kurz, kannst du deinen Charisma-Faktor am schnellsten ausspielen, indem du dem anderen Aufmerksamkeit schenkst.

Das klingt alles sehr nach Eckhart Tolle, aber so ist es nun mal. Der Schlüssel zu mehr Charisma ist: präsent sein. So einfach das erscheint, schaffen das tatsächlich nur wenige Menschen. Als ich das erste Mal mit meinem Freund Dhrumil essen ging, sprachen wir über die Bedeutung von Präsenz in einer Unterhaltung. An einem bestimmten Punkt sagte er zu mir: »Denk doch mal darüber nach, alleine während dieses Essens hatten wir zwei schon mehr Augenkontakt als viele Ehepaare in einer Woche.« Das ist mir im Kopf geblieben. Augenkontakt ist enorm wichtig; dein Gegenüber fühlt sich wichtig, wertvoll und eingebunden.

Es kann allerdings anfangs recht schwer sein, Augenkontakt zu halten. Vor allem, wenn du als Kind gesagt bekommen hast, das sei unhöflich, oder wenn du auf dem Gebiet der Radikalen Selbstliebe noch nicht im Fortgeschrittenenkurs bist. Man muss auch berücksichtigen, dass es in vielen Ländern als respektvoll gilt, den Augenkontakt zu den Eltern, Älteren oder sozial höhergestellten Menschen zu vermeiden. In der sogenannten westlichen Welt ist es jedoch von Vorteil, den Blickkontakt zu anderen zu suchen. Du musst nicht mehr tun als dich dafür zu entscheiden und zu üben: im Supermarkt, im Waschsalon, im kleinen Laden an der Ecke. Anfangs mag dir das komisch vorkommen, aber schon bald wirst du feststellen, dass die meisten Leute sehr positiv darauf reagieren. Es ist nett, wenn jemand aufmerksam ist, egal, wie banal der Anlass für die Unterhaltung ist.

Natürlich kann man es auch zu weit treiben. Ich hatte mal einen Freund, der üben musste, andere nicht zu sehr »anzustarren«. Seine Gesprächspartner fühlten sich unwohl, weil, wie sie ihm sagten, sein Blick »zu intensiv« sei. Also, auch hier wieder die goldene Mitte wählen.

Wie furchtbar ist es, sich mit jemandem zu unterhalten, der so wirkt, als wäre er lieber ganz woanders? Tut diese Person das nicht zu augenscheinlich, fühlt man sich vielleicht nur nicht wohl. Aber wenn es zu heftig ist, möchte man dem anderen doch am liebsten einen Drink über den Kopf gießen und laut ausrufen: »WIE UNHÖFLICH!«

Du willst doch, dass Leute deine Gesellschaft genießen. Das Gespräch ist ein wichtiger Bestandteil, aber es gibt noch weitere Aspekte, die unter den Begriff Charisma fallen und einen großen Unterschied machen.

Charisma hat viel mit Anziehungskraft, Intensität, Sexappeal, Ausgelassenheit, Kommunikationsfähigkeit, Einfühlungsvermögen, Empathie und Klarheit zu tun, aber auch damit, Menschen zusammenzubringen. Hier sind einige Tipps, wie du dein Charisma in der Begegnung mit anderen steigerst.

❤ Habe keine Angst, andere Menschen zu berühren. Das soll jetzt nicht heißen, ihnen eine spontane Schultermassage anzubieten. Es sei denn, du bist auf einem Rave. Welche Berührungen tragen dazu bei, um mit Menschen wirklich in Verbindung zu kommen? Viele charismatische Politiker geben ihrem Gesprächspartner die rechte Hand, während sie mit der Linken dessen Ellenbogen oder Schulter berühren. Damit vermitteln sie Vertrauen und eine gewisse Vertrautheit. Du musst das nicht machen, ich erwähne es nur, um dich zu ermutigen, ein wenig aus deiner Komfortzone herauszukommen.

❤ Beuge dich etwas zu der Person hin, mit der du im Gespräch bist. Das zeigt dein Interesse am anderen, während es passiv und distanziert wirkt, wenn du dich zurücklehnst oder wegdrehst. Indem du dich deinem Gesprächspartner zuwendest, spiegelt er unbewusst dein Verhalten und wird sich noch mehr in der Unterhaltung engagieren.

❤ Verwende viele Metaphern, um etwas bildhaft auszudrücken. Zum Beispiel: »Die Stadt ist wie eine Schneekugel«, »Deine Stimme klingt wie Musik in meinen Ohren« oder »Sein Herz explodiert wie ein Feuerwerk«. Studien haben gezeigt, dass charismatische Leader solche sprachlichen Bilder viel häufiger benutzen als durchschnittliche Redner. Metaphern hinterlassen beim Zuhörer ein lebhaftes Bild. Du erzählst auf diese Weise nicht nur fesselnd, du inspirierst andere auch.

❤ Sei leidenschaftlich. Das heißt im Klartext: nicht über langweilige Themen sprechen. Passionierten Menschen kann man kaum widerstehen: Du kannst ihre Passion in der Stimme hören und in ihren Augen sehen. Rede über Dinge, die du liebst und die dir etwas bedeuten.

❤ Achte auf deinen Tonfall. Manchmal spielen deine Worte keine große Rolle, sondern die Art und Weise, wie du sie sagst. Wenn du deine Stimme nicht einschätzen kannst, nimm sie einfach mal auf.

❤ Achte auf deine Körpersprache. Das Thema ist wirklich umfangreich, aber ein wenig Achtsamkeit kann dich bereits weit nach vorne bringen. Menschen mit verschränkten Armen sind meistens nicht an dem interessiert, was du sagst und nehmen deine Worte nicht richtig auf. Wenn du mehr über Körpersprache wissen willst, mache dich im Internet schlau oder lies das Buch *Der tote Fisch in der Hand und andere Geheimnisse der Körpersprache* von Allan und Barbara Pease. Die beiden werden dich begeistern.

Charisma hat also viel mit Selbstdarstellung zu tun und damit, dich von deiner besten Seite zu zeigen. Das kann allerdings schnell wie eine Show wirken, wenn keine echten Absichten dahinterstehen. Deshalb: Bleibe auf dem Boden, komme ehrlich rüber und sei so menschlich, wie es nur geht. Charisma bedeutet, du selbst zu sein – nur ein wenig getunt.

✳ ✳ ✳

DALE CARGENIES
WIE MAN FREUNDE GEWINNT

Dale Carnegies Buch *Wie man Freunde gewinnt. Die Kunst, beliebt und einflussreich zu werden* ist eines der populärsten Bücher aller Zeiten. Es wurde 1936 erstmals verlegt und war über zehn Jahre lang auf der Bestsellerliste der »New York Times«. 16 Millionen Exemplare wurden davon verkauft. Praktisch jeder hat schon einmal davon gehört – aber tatsächlich haben nur wenige Menschen Carnegies Tipps in die Praxis umgesetzt!

Die Ideen sind ziemlich einfach, und ich werde sie nachfolgend skizzieren. Wenn du mehr ins das Thema einsteigen willst, dann besorge dir das Buch. Es liest sich leicht, wird aber vielleicht einen stärkeren Eindruck hinterlassen als viele Bücher, die du bisher gelesen hast.

Grundlegende Methoden für den Umgang mit Menschen

1. Kritisiere nicht, verurteile nicht und klage nicht.
Du denkst vielleicht, dass du immer recht hast und weißt, wie man die Dinge wirklich anpacken sollte, aber letztlich interessiert das die Leute nicht. Die meisten Menschen kritisieren sich selbst eher selten, auch wenn sie etwas Schreckliches tun. Das Gehirn schafft es, sich das alles rational zu erklären. Deine Kritik wird also höchst unwillkommen sein, da müssen wir uns nichts vormachen. Kritik verletzt, sie macht die Menschen defensiv und abweisend. Außerdem wollen sie nicht wirklich etwas über deine Probleme wissen, also halte dich mit Klagen zurück. Harsch, aber wahr!

2. Zeige ehrliche und wahrhaftige Anerkennung.
Jeder Mensch möchte Bestätigung und hören, dass er etwas gut macht: Wir wollen ermutigt und beglückwünscht werden. Wenn du jemanden enthusiastisch lobst, ist es für denjenigen fast unmöglich, dich nicht zu mögen, es sei denn, du wirkst unehrlich. Das sollte man um jeden Preis vermeiden.

3. Erwecke ein echtes Interesse bei deinem Gegenüber.
Wenn du die Bedürfnisse der anderen Menschen kennst, bist du auch in der Lage, ihnen in irgendeiner Form behilflich zu sein. Weißt du nicht, wo der Schuh drückt oder was sie dringend bräuchten, kannst du ihnen auch nicht weiterhelfen. Die Leute werden dir dankbar sein, wenn du sie bei einer Sache unterstützt hast, egal, wie unbedeutend sie war.

Sechs Schritte, um beliebt zu werden

1. Sei ehrlich an anderen interessiert.
Wie bereits gesagt: Interessiere dich auch für andere, nicht nur für dich selbst! Die meisten Menschen sorgen sich nur um sich. Wenn du sie zum Reden ermutigst, werden sie positiv auf dich reagieren!

2. Lächle.
Ein freundliches Lächeln ist nicht nur herzerwärmend, die Empfänger fühlen sich dadurch auch gut aufgehoben und willkommen. Man betrachte nur einmal die Berichterstattung über Victoria Beckham: Wie oft wird sie für ihre Vorliebe, einen Schmollmund zu ziehen kritisiert. Ein Mensch, der nicht lächelt, wirkt verdächtig, man fragt sich, was er zu verbergen hat. Also lächle! Es macht die Welt so viel schöner!

3. Der eigene Name klingt für jeden Menschen am schönsten, egal in welcher Sprache.
Magst du es, wenn andere Leute deinen Namen sagen? Also ich schon. Es kann ein bisschen dauern, bis man sich daran gewöhnt, die Menschen beim Namen zu nennen. Deshalb empfiehlt es sich, klein anzufangen und sich Schritt für Schritt vorzuarbeiten. Ich spreche Mitarbeiter im Supermarkt, Kellner und andere, die ein Namensschild tragen, persönlich an. Das ist das ideale Übungsterrain.

4. Höre gut zu. Ermutige andere, über sich zu reden.
Das ist eine Wiederholung des Punktes, wie man ein guter Gesprächspartner wird. Alles, was du tun musst, ist andere zu ermutigen, von sich zu erzählen. Stelle gezielte Fragen, höre dir ihre Sorgen an und widme ihnen deine ungeteilte Aufmerksamkeit.

5. Rede über Themen, die dein Gegenüber interessieren.
Wenn du eine Unterhaltung beginnst und jemanden bittest, etwas über sich und seine Interessen zu erzählen, dann wirst du es schwer haben, sie wieder zum Schweigen zu bringen. Jeder liebt es, über seine Themen zu reden. Also lasse sie!

6. Dein Gesprächspartner soll sich wirklich wichtig fühlen.
Wenn du die Fähigkeiten anderer anerkennst, werden sie sich gut fühlen – und in der Folge auch dir Wohlwollen entgegenbringen. Sie werden eher geneigt sein, dir ihre Hilfe anzubieten, weil ihnen das die Gelegenheit gibt, zu zeigen, wie gut sie sind. Respektiere die Autorität und das Wissen anderer Menschen und behandle sie, als wären sie sehr wichtig. Wenn du ihnen das spiegelst, werden sie echt glücklich sein!

Zwölf Wege, um Menschen für dich zu gewinnen

1. Vermeide Streit.
Streit ist sinnlos. Nur selten wird es dir gelingen, die Meinung deines Gegenübers zu ändern. Tatsächlich ist es so, dass sich nach einem Streit beide Parteien nur noch mehr in ihrer Sichtweise bestätigt fühlen. Selbst wenn man eine Auseinandersetzung »gewinnt«, wird dich der andere vermutlich abweisen. Niemand gewinnt je bei einem Streit.

2. Zeige deinen Respekt für die Meinung deines Gegenübers.
Sage anderen nie, dass sie unrecht haben. Das wird immer als Kritik verstanden und auch so im Kopf behalten. Keinem gefällt es, auf Fehler hingewiesen zu werden. Es verletzt das Ego und den Stolz. Höre einfach nur zu.

3. Wenn du unrecht hast, gib es schnell und eindeutig zu.
Es ist leichter, einen Fehler gleich zuzugeben, als von anderen dafür kritisiert zu werden. Sobald sie damit anfangen, geraten

sie leicht in die Selbstgerechtigkeitsfalle, die ihr eigenes Ego stärkt. Die Folge: weitere, oft ungerechtfertigte Kritik. Räumst du deinen Fehler hingegen ein, haben diese Menschen gar nicht mehr viel hinzuzufügen.

4. Beginne die Unterhaltung mit etwas Nettem.
Wenn du ein Gespräch mit einem Kompliment oder etwas Positivem startest, entwaffnet das dein Gegenüber. Auf diese Weise fällt es dem anderen schwerer, dich zurechtzuweisen.

5. Starte mit einer Frage, auf die dein Gegenüber mit »Ja« antworten kann.
Wenn du die Leute dazu bringst, gleich zu Beginn einer Unterhaltung »Ja« zu sagen, dann motiviert sie das, auch anderen Dingen zuzustimmen. Sokrates hat sich dieses Prinzip ebenfalls zu eigen gemacht. Er meinte, man solle solange Zugeständnisse mit dem Gesprächspartner erarbeiten, bis er nicht mehr »Nein« sagen könne.

6. Lasse den anderen reden.
Und unterbrich ihn nicht. Jemand, der gerade in seinem Element ist, hört dir sowieso nicht richtig zu. Also, lasse ihn sich den Ärger von der Seele reden, bis er nichts mehr zu sagen hat – vor allem, wenn er verärgert ist. Gehe nicht dazwischen, um dich zu rechtfertigen oder ähnliches, das würde die Sache nur schlimmer machen. Wenn dein Gegenüber erst einmal fertig ist, dann kannst du ihm eine Lösung anbieten.

7. Gib deinem Gesprächspartner das Gefühl, die Ideen stamme von ihm.
Stelle dich auf das Ego des anderen ein, indem du ihn in dem Glauben lässt, dass er die Lösung gefunden hat. Selbst wenn der Vorschlag für den anderen gar nicht so optimal ist, wird er dafür empfänglicher, weil er glaubt, dass es sein Vorschlag war.

8. Versuche ernsthaft, den Standpunkt des anderen einzunehmen.
Die meisten Leute versuchen das gar nicht erst. Doch je mehr Empathie du entwickelst, desto beliebter wirst du. Denn eigentlich wollen die Menschen nur eins: von einem anderen Menschen verstanden zu werden.

9. Seid mitfühlend mit deinem Gegenüber.
Siehe oben.

10. Berufe dich auf edle Motive.
Es gibt viele Gründe, warum Menschen bestimmte Dinge tun. Manche davon sind ehrenhaft, andere eher weniger. Sprich in einer Unterhaltung lieber die Dinge an, bei denen sich dein Gegenüber wohlfühlt, sie zu erzählen. Die Leute sind zum Beispiel eher bereit, über ihr karitatives Engagement zu reden, als darüber, dass sie die Spenden von der Steuer absetzen können.

11. Veranschauliche deine Ideen.
In Kursen für Kreatives Schreiben heißt es oft: *Show, don't tell.* Zeige es, statt nur davon zu berichten. Male Bilder mit deinen Worten, bringe ein plastisches Beispiel oder ziehe einen hilfreichen Vergleich, um deinem Gegenüber auf lebendige Weise zu veranschaulichen, was du sagen willst. Die Autorin Susan A. R. Kennedy (Kurzname SARK) schreibt nicht nur kluge Ratgeber über Selbsthilfe und Handlettering, sie musste auch ihr erstes Buch erst komplett fertig schreiben, um einem Verleger zu zeigen, was ihr vorschwebte. Gib den Leuten ein bildhaftes Stichwort.

12. Nimm die Herausforderung an.
Die meisten Menschen lieben es zu beweisen, dass sie besser sind, als man vielleicht denken könnte. Mache dir diesen natürlichen Hang zum Wettbewerb zu eigen und schlage deinen

Freunden eine Spaß-Wette oder einen Wettkampf vor, um sie für das zu gewinnen, was du willst.

Sei ein Leader: Wie man Menschen ändert, ohne dass sie sich angegriffen fühlen oder dich abweisen

1. Beginne ein Gespräch mit ehrlichem Lob und Anerkennung.
Wie bereits beschrieben, entspannt sich dein Gegenüber, wenn du mit einer positiven Wendung ins Gespräch gehst. Es ist leichter, Kritik einzustecken, wenn man zuvor gelobt wurde. Auf diese Weise hat der andere nicht den Eindruck, bei ihm sei Hopfen und Malz verloren.

2. Gehe nur indirekt auf die Fehler anderer ein.
Ehe du anderen sagst, sie hätten etwas falsch gemacht oder ihre Idee würde nicht funktionieren, empfiehlt es sich, erst einmal über das Thema allgemein zu sprechen. Kritik ist leichter verdaulich, wenn du so etwas sagst wie: »Ich frage mich, wie gut das wohl laufen wird ...« Damit räumst du deinem Gesprächspartner die Möglichkeit ein, Alternativen zur bisherigen Idee zu suchen, ohne ihn herunterzumachen.

3. Sprich zuerst über deine eigenen Fehler.
Das macht dich menschlicher und hilft anderen, eine bessere Beziehung zu dir aufzubauen. Du zeigst damit, dass du nicht perfekt bist, deshalb wird der andere weniger eingeschüchtert sein, wenn er etwas falsch gemacht hat.

4. Stelle Fragen statt direkte Anordnungen zu geben.
Wenn man dem anderen das Gefühl gibt, er hätte die Dinge selbst in der Hand, entwickelt er eine wesentlich bessere Einstellung dazu. Es gibt ihm zudem die Möglichkeit, eigene Ideen einzubringen. Und das wiederum ist sehr hilfreich! Menschen sehnen sich nach Autonomie, und je mehr sie davon haben, desto

höher ist ihr Selbstwertgefühl und desto besser sind ihre Arbeit, ihre Motivation und ihre Einstellung.

5. Hilf deinem Gegenüber, das Gesicht zu wahren.
Sei nett und weise andere nicht in der Gruppe zurecht. Falls Kritik angebracht ist, erledige das im Vier-Augen-Gespräch. Wer vor allen Leuten bloßgestellt wurde, ist abweisend und wesentlich weniger gewillt, die eigenen Fehler zuzugeben.

6. Lobe jeden Schritt der Verbesserung.
Sei offen und ermutigend. Wenn du jemanden dazu bringen willst, sein Verhalten zu ändern, dann klappt das eher über die positive Schiene und nicht, indem du auf dem Schlechten herumhackst. Diese Änderung der Perspektive bewirkt, dass der andere seine schlechten Gewohnheiten ablegen kann, weil er sich ebenfalls auf das Positive konzentriert.

7. Verhilf anderen zu einem guten Ruf, an dem sie sich orientieren können.
Wenn du den Leuten sagst, wie gut sie deiner Meinung nach sind, werden sie motiviert sein, diesem Bild auch zu entsprechen.

8. Ermutige andere, indem du ihre Fehler kleiner aussehen lässt.
Mache kein Drama. Es ist sinnlos, in einem kleinen Fehler den Weltuntergang zu sehen. Wenn du kommunizierst, dass es eine Lösung für das Problem gibt, wird sich der andere ermutigt fühlen, das auch anzugehen.

9. Mache den anderen glücklich mit deinen Vorschlägen.
... indem du die soeben aufgeführten Methoden anwendest!

Wenn du noch nie von diesen Methoden gehört haben solltest, dann ist das eine Menge Information, die du erst einmal verarbeiten musst. Am besten schreibst du dir die wichtigsten Dinge auf Karteikarten und hängst sie an einen Platz, wo du sie täglich sehen kannst: Zum Beispiel neben den Computer oder das Telefon. Lies den Text auf den Karten jeden Tag mehrmals und bemühe dich, die Methoden so oft wie möglich anzuwenden. Schon nach kurzer Zeit wirst du nicht nur neue Freunde finden, sondern auch viel mehr Erfolg haben.

DIE GENERATIONSLÜCKE ODER DAS SMARTPHONE-DILEMMA

Die meisten Leute in meinem Alter finden es normal, den ganzen Tag am Handy zu kleben. Sie haben es gewissermaßen unter dem Kopfkissen. Aber weil nicht alle Menschen so sind, ist es hilfreich, sich das ab und zu ins Gedächtnis zu rufen.

Wenn du dauernd mit deinem Smartphone beschäftigt bist, während du etwas mit Freunden oder der Familie unternimmst, wirkt das Ding wie eine Wand. Wir lassen uns viel zu sehr von diesem kleinen Bildschirm absorbieren. Hast du schon mal versucht, die Aufmerksamkeit von jemandem zu bekommen, der gerade in eine »sehr wichtige Nachricht« vertieft ist? Das ist unmöglich, keine Chance! Die Menschen sind nicht besonders gut im Multitasking, wenige Ausnahmen bestätigen die Regel. Wenn dein Freund gerade seinem Kumpel schreibt, könntest du ihm auch sagen, dass du jetzt kleine Kinder isst, und er würde zustimmen.

Ist dir schon mal aufgefallen, dass, sobald jemand sein Telefon rausholt, viele Umstehende das gleiche tun? Das geschieht, weil das Gespräch sich im Sand verlaufen hat und alle wieder in ihre kleine Welt versinken. Das Handy unterbricht den Redefluss, denn sobald du eine SMS beantwortest oder deine Mails checkst, bist du nicht mehr voll bei der Sache, ist dein Kopf online.

Das soll nicht heißen, dass du dein Telefon nicht beim Abendessen benutzen darfst. Manchmal erwartet man einen wichtigen Anruf oder etwas geschieht, worauf man gleich reagieren kann. Aber so etwas kommt doch recht selten vor.

Das alles hat auch mit dem Thema Charisma zu tun. Es geht darum, den Menschen wertzuschätzen, mit dem du gerade deine Zeit verbringst. Wenn all deine Freunde ausgiebige Handy-Freaks sind, dann schlage doch beim nächsten gemeinsamen Essen eine »No-Phone-Regel« vor. Wer nach dem Handy greift, bezahlt das Essen. Einige werden bestimmt etwas nervös sein, aber wahrscheinlich genießt ihr den Abend viel mehr!

*Vertrauen
zu haben ist
das Geheimnis des
Universums.*

#RSLBOOK

HAUSAUFGABEN

💜 **ÜBE DICH DARIN, CHARISMATISCHER ZU SEIN.**
Nimm dir eine Sache vor, auf die du dich konzentrierst, zum Beispiel wie man durch Berührungen mit anderen in Kontakt tritt oder den Augenkontakt im Gespräch aufrecht erhält, und mache das zu deiner Wochen-Hausaufgabe. Beobachte, wie die Menschen darauf reagieren. Fallen die Reaktionen positiv aus, dann bleibe dabei und nimm dir eine weitere Aufgabe vor.

💜 **PACKE DEIN HANDY WEG.**
Ich weiß, wie verführerisch es ist, dauernd mit dem Smartphone in der Hand herumzulaufen, es könnte ja etwas Spannendes passieren. Aber tatsächlich hältst du damit bloß den gegenwärtigen Moment auf Abstand. Wenn du dich auf dein Handy konzentrierst, bist du nur halb bei dem, was um dich herum geschieht. Erlaube dir, mit Menschen richtig in Kontakt zu treten, indem du ab und an dein Handy wegpackst.

💜 **ARBEITE AN DEINEN ZUHÖRER-QUALITÄTEN.**
Zuhören bedeutet nicht, darauf zu warten, bis man selbst dran ist! Auch wenn du gedanklich schon weiterrast, bleibe ruhig, atme tief durch und höre aufmerksam zu, was dein Gegenüber zu sagen hat. Lasse den anderen durch bestätigende Worte wissen, dass du bei der Sache bist, und wiederhole zum Schluss, was du gehört hast.

💜 **VERMEIDE STREIT.**
Das bringt nichts. Es gibt keine »Gewinner« bei Streitigkeiten. Gehe einer unschönen Auseinandersetzung lieber aus dem Weg, bevor du dich aufregst.

❤ **SORGE DAFÜR, DASS DEIN GEGENÜBER SICH GUT FÜHLT.**

Das ist ein guter Punkt für den Schluss und fasst perfekt zusammen, was ich mit Radikaler Selbstliebe zum Ausdruck bringen möchte. Es ist eine einfache Tatsache: Wenn du daran arbeitest, dass ihr euch beide wohlfühlt, dann könnt ihr nur gewinnen.

Ein paar Worte zum Schluss

Manchmal werde ich gefragt, warum Radikale Selbstliebe so wichtig ist. Man könnte ja annehmen, dass unsere Generation ziemlich viel von sich hält, angesichts der vielen Selfies, die sie um die Welt schickt. Ich antworte darauf folgendes: Solange Frauen nicht aufhören, sich dafür zu entschuldigen, dass sie existieren, solange Essstörungen nicht der Vergangenheit angehören und solange wir unsere Macht andauernd abgeben, brauchen wir Radikale Selbstliebe – und zwar in einer riesigen Dosis!

Niemand bringt uns bei, uns selbst zu lieben. Es gibt keine Quelle, die man anzapfen kann und auch kein Unterrichtsfach, das Selbstliebe zum Thema hat. Während wir erwachsen werden und die Welt entdecken, stellen wir fest, dass es für die Menschen, für unsere Freunde ganz »normal« ist, ihr Spiegelbild zu hassen, keinen Plan im Leben zu haben oder Trost in Drogen, Alkohol und zerstörerischen Beziehungen zu suchen.

Es macht mich wütend, dass wir das ganz allein herausfinden müssen. Wo soll man anfangen, wenn man nicht in irgendeiner Form darauf vorbereitet wird? Dafür gibt es keine Gebrauchsanweisung. Und genau das macht Radikale Selbstliebe zu einer Sisyphusarbeit. Hoffentlich konnte dieses Buch die Lücke füllen und dir ein Stück weit den Weg weisen, um damit anzufangen.

Radikale Selbstliebe hat nichts mit Egoismus und Narzissmus zu tun. Es geht vielmehr darum, Dankbarkeit für deinen Körper zu empfinden, Komplimente annehmen zu können und dich um Dinge zu bemühen, die deine Seele nähren und nicht nur dein Ego. Das alles ist wichtig und positiv. Das Ziel ist nicht, eine One-Woman-Show der Selbstbestätigung zu feiern, sondern die Liebe in dir zu entdecken und sie dann zu verbreiten. Sobald wir gelernt haben, uns selbst zu lieben, ist es eine der wichtigsten Aufgaben, das auch anderen zu vermitteln. Lasse uns das Wissen teilen und mit gutem Beispiel vorangehen.

Stelle dir die folgende Frage: Wenn ich heute ein #radicalselflovewarrior, eine Kriegerin dieser Idee, wäre, wie würde ich mich verhalten? Wie würde ich auftreten und was würde ich tun? Strenge dich an, um ein Vorbild für andere zu sein. Gehe mit Integrität durchs Leben und handle aus Liebe heraus. Sei ehrlich, freundlich und rücksichtsvoll.

Behalte die Radikale Selbstliebe nicht für dich. Benutze sie, um anderen zu helfen. Engagiere dich zum Beispiel in einer wohltätigen Einrichtung. Etwas für andere zu tun, macht auch dich selbst glücklich.

Ich beschäftige mich nun seit über acht Jahren mit Radikaler Selbstliebe und habe viel gelernt, geforscht und Experimente gemacht. Deshalb ist mir klar, dass dieser Weg nicht immer einfach ist, es kommen einem jede Menge Herausforderungen entgegen. Ich gehe aber trotzdem weiter, weil ich weiß, dass es nicht nur um mich geht. Es geht um die Menschen, denen ich diese Message ans Herz legen möchte.

Wir lernen meist von unseren Müttern, was es heißt, eine Frau zu sein. Meine größte Hoffnung für die Zukunft ist deshalb, dass die Mütter der nächsten Generation den Weg der Radikalen Selbstliebe so selbstbewusst entlangschreiten, dass ihre Kinder ihrem Beispiel folgen. Mein Traum ist es, dass diese Mütter so gut vorbereitet sind, damit sie ihren Kindern alles über Selbstliebe und Selbstrespekt beibringen und ein Leben voller Schönheit erschaffen können. Vielleicht schreiben sie zusammen Dankbarkeitslisten am Frühstückstisch, vielleicht klopfen sie vor dem Schlafengehen und vielleicht schämen sie sich nicht mehr vor anderen für ihren Körper. Es ist mein größter Wunsch, dass die kommende Generation mit mehr Werkzeugen aufwächst, um mit ihren Emotionen klarzukommen, ihre Ängste zu überwinden und in die Welt zu gehen, um großartige Dinge zu tun.

Das Leben ist das, was du daraus machst. Ich bin überzeugt davon, dass es keinen »Einheitssinn des Lebens« für alle gibt. Der Sinn ist das, was du selbst daraus machst.

Begehe also nicht den alten Fehler, zu glauben, dein Schicksal sei vorherbestimmt und du wärst ein Spielball in einem unbarmherzigen Universum. Nichts ist weiter entfernt von der Wahr-

229

heit. Das Gegenteil ist der Fall: Das Universum plant, uns einen warmen Regen voller Segen zu schicken, wie der Astrologe Rob Brezsny sagt. Ich möchte, dass du weißt: Nichts im Leben ist in Stein gemeißelt. Und das ist auch gut so. Das Leben ist ein Geschenk, es ist biegsam und flexibel – und wir können es nach unserem Belieben formen und wenden.

Du hast immer die Wahl. Du kannst deinen Alltag mit Magie erfüllen oder dich über den Verkehr aufregen und dir die Stimmung versauen; du kannst jeden Moment genießen oder dich über die Unpünktlichkeit deines Freundes ärgern; du kannst ein Risiko eingehen oder den Ball flach halten. Dein Schicksal liegt in deinen Händen, es wird bestimmt durch die Entscheidungen, die du triffst.

Ich habe vollstes Vertrauen in dich. Auch wenn manche Freunde dich nicht verstehen, die Familie pessimistisch ist und selbst dein Hund dich manchmal anschaut, als wollte er sagen: »Verdammt, wie bist du denn drauf?« Nichts davon spielt eine Rolle. Ich stehe hinter dir! Alle fantastischen Menschen der Geschichte haben Widerstände überwunden. Man könnte es auch so ausdrücken: Wenn dich bisher niemand für deine Ideen kritisiert hat, dann waren sie vermutlich noch nicht groß genug. Du brauchst keine Erlaubnis, um raus zu gehen und loszulegen. Fange einfach an.

Nichts ist schöner, als zu erleben, wie jemand sein volles Potenzial entfaltet. Bitte lasse mich mit dem Hashtag #rslbook an deinen Erfahrungen, Entdeckungen und Gedanken teilhaben. Ich freue mich darauf, mit dir in Kontakt zu treten, von deinem Leben zu erfahren und dich ein Stück weit auf deiner Reise zu Radikaler Selbstliebe zu begleiten.

Du bist ein leuchtender Stern. Ich liebe dich und bin stolz auf dich.

Kisses

230

*»Nichts
ist schöner,
als zu erleben,
wie jemand
sein volles Potenzial
entfaltet.«*

#RSLBOOK

WENN DIR DAS BUCH GEFALLEN HAT, HIER GIBT ES MEHR:

- ❤ Besuche meinen Blog www.galadarling.com
- ❤ Folge mir auf Instagram und Twitter @galadarling
- ❤ Sei dabei in meiner Facebook Community auf facebook.com/ xogaladarling
- ❤ Checke diese hashtags auf Instagram:
  #rslbook
  #galadarling
  #radicalselfielove
  #radicalselflovecoven